Adapting to
Occupations
for
Veterans

退役军人
职业适应

杭州市退役军人事务局 杭州市西湖区退役军人事务局 / 主编

倪科卿 / 编著

浙江工商大学出版社
ZHEJIANG GONGSHANG UNIVERSITY PRESS

图书在版编目(CIP)数据

退役军人职业适应 / 倪科卿编著. —杭州:浙江
工商大学出版社,2021.8(2024.11重印)
ISBN 978-7-5178-4445-7

Ⅰ. ①退… Ⅱ. ①倪… Ⅲ. ①退役—军人—职业选择
—中国 Ⅳ. ①E263

中国版本图书馆 CIP 数据核字(2021)第064418号

退役军人职业适应
TUIYI JUNREN ZHIYE SHIYING

杭州市退役军人事务局　杭州市西湖区退役军人事务局 主编
倪科卿 编著

责任编辑	张莉娅
责任校对	李远东
封面设计	吴承远
责任印制	祝希茜
出版发行	浙江工商大学出版社
	(杭州市教工路198号　邮政编码310012)
	(E-mail: zjgsupress@163.com)
	(网址:http://www.zjgsupress.com)
	电话:0571-88904980,88831806(传真)
排　　版	杭州朝曦图文设计有限公司
印　　刷	杭州高腾印务有限公司
开　　本	787mm×1092mm　1/16
印　　张	10.25
字　　数	203千
版 印 次	2021年8月第1版　2024年11月第4次印刷
书　　号	ISBN 978-7-5178-4445-7
定　　价	62.00元

《退役军人职业适应》

主　编　　杭州市退役军人事务局
　　　　　杭州市西湖区退役军人事务局

编　委　　倪科卿　　　　陈　超
　　　　　谢　鑫　　　　丛国栋
　　　　　来半分　　　　田　敏
　　　　　谌曾灵　　　　徐百兴

序

　　在以习近平同志为核心的党中央的悉心关怀下,我国退役军人管理和保障取得了巨大成就。2021年1月1日起施行的《中华人民共和国退役军人保障法》,是退役军人管理和保障的里程碑,这也预示着退役军人的未来职业和生活将更加美好。浙江省退役军人事务厅坚决落实习近平同志的指示精神,以"秉持浙江精神,干在实处、走在前列、勇立潮头"的使命感,积极推进和落实《中华人民共和国退役军人保障法》的相关规定,得到了退役军人的高度评价。

　　党的十九届五中全会强调"扎实推动共同富裕",在描绘2035年基本实现社会主义现代化远景目标时,明确提出"全体人民共同富裕取得更为明显的实质性进展"。退役军人的职业发展,无疑是共同富裕目标实现的重要组成和有力支撑。我们退役军人要想为实现共同富裕目标做出更大贡献,成为中流砥柱,为祖国再立新功,就应当直面挑战,迎难而上,争取顺利度过职业生涯的前三年,完成由军人向真正专业的职业人的转变。为此,杭州市退役军人事务局、杭州市西湖区退役军人事务局在首部著作《退役军人职业起步》之后,及时推出了退役军人职业选择与发展丛书中的第二部《退役军人职业适应》,从而帮助退役军人多方位、综合性地做好各项准备,以更好地适应由军人向真正专业的职业人的转变。

　　在举国欢庆建党百年的大喜日子里,我怀着喜悦的心情读完了这本书稿。个人感觉各位作者坚持了首部著作的优点,注重知行统一、结合数据和案例分析,阅读起来生动有趣。另外,也有很多新的改进,比如介绍了退役军人职业适应过程中的更多实际经验教训,因此本书非常有希望成为退役军人职业适应的避雷针和探路灯。

　　最后衷心祝愿,有更多的退役军人通过阅读这本书,以更加坚定的信念和更加科学合理的方法,尽快选择适应自身特点的职业道路,砥砺奋进,再创辉煌,开启崭新的人生篇章!

　　是为序。

王海涛

浙江省军区原司令员

2021年7月

目录

Adapting to
Occupations
for Veterans

第
一
章

退役军人职业适应

毕俊营过五关斩六将,最后顺利入职某交通运输集团,当上了检修员。入职培训期间,培训师讲起集团的光辉历史、畅想美好未来时闪闪发光的眼神,让毕俊营浑身充满了力量。

于是他每天都会在朋友圈里发一些现场学习和培训的照片,以及一些励志格言。他虽然偶尔也会在心里嘀咕:是不是有点打满鸡血、喝饱鸡汤的即视感?但每当看到朋友圈很多的点赞,有时还有转发时,他就重新满格电量地出发了。

当然,他最看重和期待的是丁新成的评价。丁新成露面较少,毕俊营便不断安慰自己:"当HR的太忙,没空看。他自己的朋友圈都很少更新呢。"

有一天他终于等到了丁新成的评价——一个流行的假笑男孩的表情包。这让毕俊营心里咯噔一下:"老兄肯定有话要说!正好我也憋了一肚子事情要找他呢!"主意一定,他便光速邀请丁新成在老地方见。

在那家熟悉的烧烤店,在毕俊营环顾四周、暗自感叹人家的生意真好时,丁新成居然悄无声息地坐到了他面前。

毕俊营惊喜地压低嗓门:"你像一朵白云飘到我面前……"

丁新成呵呵一笑:"我觉得你才是呼啦啦地飘啊,朋友圈里的奋斗味儿都飘到店里了……"

毕俊营报以一个问号脸:"退役不褪色、退伍不褪志,不是你一直在勉励我吗?!"

丁新成抿了一口啤酒:"那是主旋律,必须的!不过,我担心你的新鲜和兴奋劲儿只能持续三个月。后面的路才是'蜀道难'呢,你这敲锣打鼓、载歌载舞的状态能坚持多久?我当HR这几年,可见过不少职场菜鸟扑腾不了几天,甚至有的从一开始就水土不服,后来也一直'支棱'不起来。这里面有大学生,也有个别退役军人。"

毕俊营吃惊也不甘地瞪起了眼,说道:"难道比新兵连还难过关?!"

丁新成怕他泄气,赶快和他碰杯,劝慰道:"进了职场门,关键在个人。你肯定没问题,何况现在政策等方面这么好,你想不适应也难啊!"

正好老板过来上菜,丁新成顺口问他:"我有老兵码,在你这能优惠不?"

老板和毕俊营一样大声追问:"什么东西?我头回听说!"

丁新成一边在手机上演示,一边解释:"这可是专为咱退役军人量身定做的宝贝,功能强大得很哩……"

第一节

概述

一、基础知识

1. 定义

著名心理学家皮亚杰在认知理论中提出:适应是指个体的心理、智力、思维通过调整以符合环境需求和先天倾向。

关于职业适应,代表性的观点主要有三种。美国咨询心理学家霍兰德认为,职业适应是个体在态度、价值观、技能、职业认识等方面形成与职业要求相一致的能力结构。美国职业心理学家萨维科斯针对社会职业适应问题提出了生涯建构理论,认为职业适应是一个由适应准备、适应能力、适应行为以及适应结果组成的因果链条,高水平的适应准备、能力与行为有助于取得较好的适应结果。孙卓君提出,职业适应是指个人基于一定的职业认知和实践,在与职业环境进行互动的过程中,不断调整和改善自己的态度、观念、行为、习惯等,适应职业生活和变化发展以达到和谐的过程。

总体来看,国外学者更倾向于把职业适应定义为个人的一种职业能力,而国内学者侧重个人对于胜任职业要求的能动性过程,以期达到平衡状态。

2. 职业适应的重要性

2016年9月,山东省教育厅下发的《山东省普通高中学生职业适应性测试指导意见》提出,从2017年开始,在高职招生时就建立职业适应性测试制度,主要测试职业潜质、职业意识和职业技术素养等内容,并探索多元人才评价、选拔机制。这说明政府已经意识到职业适应必须及早入手,而退役军人对此更要重视。

对于职场新人(俗称"菜鸟")而言,职业初期不仅是他们走向社会的一个过渡阶段,也是他们人生的重要转折期。职业适应将直接影响他们的职业观念和职业态度,也是培养其他各项能力的基础和前提,更是决定未来职业行为乃至终身职业成就的关键。中国有句俗话"三岁看老",同样适用于职业适应。比如,在教育行业,很多经验丰富的教师都会说:"头三年是一个教师成长的关键期,做个优秀教师还是一辈子碌碌无为,几乎全在这三年。"

一般来说,进入职场后工作五到十年,分化就显现出来了——有的人创业失败,也有的人在工作单位成为真正的人才,受到器重。这种分化,取决于职场的头三年的表现和积累,所以必须要抓住头三年的宝贵机会,为未来的发展奠定坚实的基础。

由于职业过程的特殊性,退役军人重返职场后的职业适应无疑比一般职场新人更加重要。如果适应得好,就能顺利开启新的人生篇章,信心十足地掌握和提高更多职业技能,且能根据不断变化的职业环境采取积极的行动,不断创造新的辉煌。反之,则会严重丧失自信,导致不良情绪不断积累,陷入恶性循环的怪圈,难以自拔。对于后者,如果听任这种态势继续发展下去,他们的一生大概率将会这样度过:工作头三年,要么在不喜欢的单位或岗位混日子,一边抱怨怀才不遇,一边应付工作,浪费青春;要么经常换工作,每份工作一般做三个月,最多半年,都是低水平重复。这样几年过去了,仍然根本不知道自己的职业强项和目标,即使再工作很多年还是如此。年轻时因为有父母在经济和生活上的帮忙,活得潇洒,但一到中年,自己要面对父母衰老后的照顾、孩子成家的压力时,才悔不当初。在挣扎之中,一辈子也就这样过去了。这种状态不仅影响个人职业前途和所在单位的经营绩效,而且影响家庭和社会和谐。

二、职业适应的原则

1. 理念突破

理念突破,是指突破"一定要在家乡工作"的思维定式,倡导"以新贡献赢得尊敬"的理念,改变仍然看重"铁饭碗"等落后的职业理念,以"志在四方"的豪情,站在更大区域中审视自身的职业定位,寻找职业机会,规划职业发展。

浙江民生休闲频道《1818黄金眼》节目中报道过"开地铁的小姐姐"王逸琴的故事。1994年出生的王逸琴,退役后在大学深造,2018年大学毕业后选择到杭州发展。经过一年的艰苦培训,她是目前杭州地铁16号线唯一在一线驾驶的女驾驶员。退役军人要以王逸琴为榜样,坚定对未来的信心,建立终身学习、终身成长的意识,积极融入社会,继续保持发扬人民军队的光荣传统和优良作风,在社会主义现代化建设事业中再立新功。

首先要拓宽视野,放眼世界。

从地区、全国乃至世界范围内的产业发展和岗位需求来分析和研究自己的职业适应问题。要充分利用国家大力发展都市圈、大量城际铁路即将开通的宝贵机遇,积极拥抱更加广阔的世界。以浙江省为例,退役军人应当积极响应国家的长三角一体化战略,利用省际高铁升级、省内交通大发展的良机,主动融杭、融甬、融沪。退役军人也可以利用跨境电商等行业机会,做好全世界的生意。

其次,积极了解和投入新就业形态。

《"十三五"促进就业规划》中已经提出要鼓励共享经济下的新型就业模式。国家支持发展新就业形态,正在清理、取消限制灵活就业的不合理规定,强化对灵活就业人员就业服务、劳动权益和基本生活保障。各地政府也发布了相应的政策文件,这将进一步提高灵活就业人员的工作生活质量,也为退役军人创造了更大的适应空间。

美团研究院和智联招聘发布的《2020年生活服务业新业态和新职业从业者报告》研究了61种新业态。2019年,美团平台上的新业态交易额达到4837.4亿元,比2016年增长了2.7倍,年均增长率达到55.1%。

具有代表性的业态有付费自习室、室内萌宠互动、汉服体验馆等。付费自习室在2019年美团平台上的交易额增速达到22.6倍,也催生了一个新的职业——室主,就是付费自习室的主人。室内萌宠互动和汉服体验馆在2019年美团平台上的交易额增速也很惊人,分别达到了13.8倍和5.8倍。

除生活服务业外,其他行业中,仅美团平台上催生的新职业就超过了70种,其中有的被列入了《中华人民共和国职业分类大典》,更多的还在"转正"的路上。最引人注目的是3个新职业——数字化运营师、老年人能力评估师和人工智能训练师。仅美团平台上活跃商户对数字化运营师的需求就在279万—558万人;老年人能力评估师在2020年7月"转正",成为我国人力资源和社会保障部发布的官方新职业之一;人工智能训练师在2020年初被纳入了《中华人民共和国职业分类大典》。

新职业从业者的收入非常有吸引力,其中36%的从业者月收入高于9000元,21%的从业者月收入超过12000元。新职业从业者也很自信,他们中有超过70%的人长期看好新职业并愿意从事2年以上。

2.心态归零

很多年轻人的学历、工作和生活水平已经超越了他们的父母,有些觉得自己了不起。部分退役军人也觉得自己在部队多次立功受奖,喜欢躺在过去的功劳簿上,动不动吹嘘"我在部队的时候刀山火海也经历过"。重新进入职场,如果心态不归零,过去的辉煌就会成为沉重的负担,还不如那些经历和业绩较少、轻装前进的职场"小白"。

心态要归零,可以换个角度来看从前的"学徒三年",你会发现也有其道理:

第一年,不学技术,给师傅做家务。从经济学角度看,这是师傅剥削徒弟。但实际上也有另外一层意思。从自由散漫的青少年过渡到职业人,心态就不同了。能不能适应职场基本上要看能否通过第一年的磨性子。如果打磨出相对稳定平和的职业心态,以后的困难都不在话下。

第二年,干粗活。干粗活是口语,精确说法是,低价值的重复劳动。无论学什么,都有一个重复劳动的过程。例如,杀鱼杀鸡,技术含量较低,需要一天到晚不停地劳动。这一步,也是师傅剥削徒弟的过程。但同时也是在培养学徒适应这个行业的工作氛围,让其练好基本功,这也能激发其今后学细活的兴趣和积极性。

第三年,千辛万苦走到这一步了,学徒也会珍惜专业学习的机会,否则,前两年的苦白受了。同时学徒也磨炼了耐性和基本功,能学到真正具有高价值的技术。

虽然现在的退役军人不需要当学徒，但职业心态归零的道理是相通的。对退役军人而言，职场适应期再苦也比不上在新兵连的时候吧？因此，不要把这个阶段的难受看得太重。

建立归零职业心态的最好办法，是正确地认识自己，从而建立对未来的合理期望。要充分认识到自己是个普通人。在此基础上，规划好自己未来的生活和职业生涯的发展方向，坚持每一天的点滴积累和努力，按照自己的规划前进，可能要经过三年、五年、十年，甚至更长时间，才能让自己的人生多一些不同的美好。关于未来，要清醒地看到：平凡、平淡、重复、忍耐才是未来工作和生活的正常状态。只要进入了职场，就不可避免地面临大量重复枯燥的工作，不会有太多的激情和起伏。如果一两个月就会有一个很大的起伏，那是沙漠探险而不是工作。正常情况是两三年才会有一个上升，而且没有足够的积累的人也抓不住这样的机会。因此，职业适应期非常类似于竹子生长，往往是根在地下默默积蓄能量数年，经一阵春雨滋润，一夜之间就拔地而起。

第二节
职业适应的现状分析

一、现状扫描

根据对376名退役军人的调查数据，退役后进入职场的头三年，他们自我感觉适应情况总体良好：83%的退役军人认为自己对新职业的适应情况较好；15%的退役军人感觉比较困难，经常觉得不适应；感觉很差，根本无法适应的仅有2%。数据如图1-1所示。观察战友群体的职业适应情况仍然为良好：84%的退役军人发现战友们信心较强，有合适的职业就能适应；有13%的退役军人信心一般，需要付出极大努力去适应；信心不足，适应比较困难的仅有3%。数据如图1-2所示。

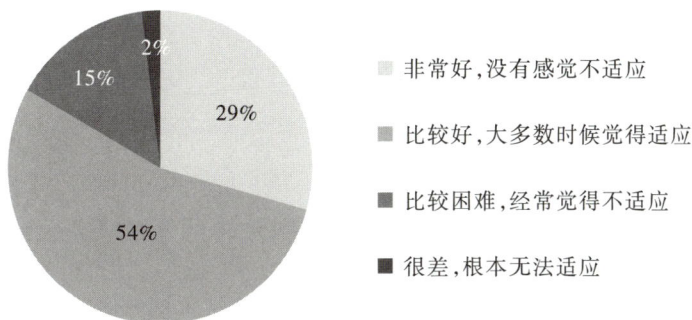

2%

15%

29%

54%

■ 非常好，没有感觉不适应

■ 比较好，大多数时候觉得适应

■ 比较困难，经常觉得不适应

■ 很差，根本无法适应

图1-1　退役军人自我感觉的职业适应情况

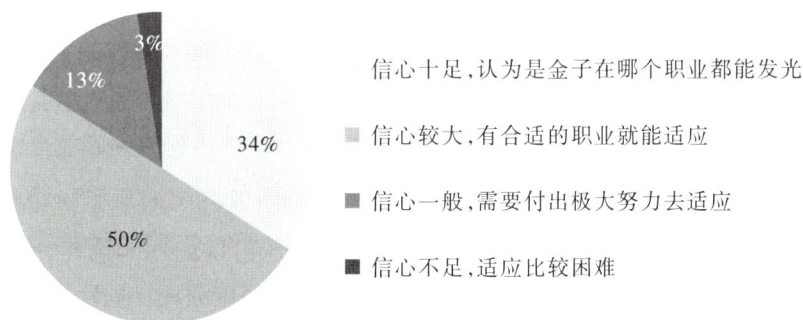

3%

13%

34%

50%

信心十足,认为是金子在哪个职业都能发光

■ 信心较大,有合适的职业就能适应

■ 信心一般,需要付出极大努力去适应

■ 信心不足,适应比较困难

图1-2　退役军人观察战友群体的职业适应情况

这些数据优于国内大学生的职业适应状况。清华大学、北京大学等多所高校共同发布的《大学生职业适应状况报告》显示,无论是自主创业还是就业,大学生都存在不同程度的不适应问题。这些职场新人在实习就业率、跳槽频率、工作喜欢度和开心度等方面均体现出不适应职场的情况,其中超过60%表示不喜欢目前所从事的工作;有57%就业后工作变动超过两次;有91%有实习经历,但在同一家公司实习并转正的仅有8%,这说明他们大多数人并没有很好地适应实习单位。

特别值得警惕的是,部分退役军人中也有类似现象。很多退役军人进入职场以后,和其他年轻人一样,大都不知道未来在哪里,人生的目标是什么,只能每天简单地重复着。生活中,吃着外卖、看着网剧、刷着社交App点赞。这就造成了他们在向社会人、职业人、组织人的角色转变过程中,不适应现象比较严重,这在职业心理、环境、人际关系等方面均有体现。

二、原因分析

究其外在原因,主要是两个:

一是理想与现实的差距,即职业期望与职业现状存在错位。比如,希望的工作是工资高、离家近、环境安逸、不加班等,但现实几乎不可能同时满足这些要求,于是陷入郁闷和抱怨之中无法自拔。没有正确地认识并在情感上认同自己从事的职业,不但会削弱自己的工作热情,还会对职业产生抱怨、误解或者排斥等负面情绪。

二是自身条件与岗位要求的差距,即知识、能力等自身条件与岗位要求或者社会需求存在差距。知识和实践都不够,自制力不强,智商也不"爆表",容易高不成,低不就。

究其内在原因,主要是两个:

一是学生思维,即希望找到标准答案。但工作中和社会上的各种问题并不存在标准答案。接受了多年的教育之后,如果形成了"一定要找到标准答案"这个思维定式,观察和思考问题就会变得僵化。

二是新兵思维，即一切要等上级命令，自己缺乏主动思考和探索的意愿。比如，就业时没有深入研究过任何行业，对自己的职业倾向、潜力、兴趣等方面缺乏基本的认知。于是只能瞎碰，或者被动地接受工作安排。工作后任何事情都要等着上级发出明确的指令后才知道行动，或者完全缺乏创新精神。

第三节
职业适应的有利条件

党中央和各级政府高度重视退役军人工作，不仅围绕退役军人职业适应的核心需求，如就业、创业、培训和就学等方面，出台了很多政策，而且大力推动了经济、社会和科技等方面的快速发展，为退役军人职业适应提供了强大保障，创造了优越环境。

一、政策

根据对376名退役军人的调查数据，绝大多数退役军人对涉及退役军人适应新职业的国家相关政策（就业、创业、社保、户口等方面）感觉满意（达到78%）；15%的退役军人认为政策较少考虑到自己的实际情况，帮助不大。数据如图1-3所示。

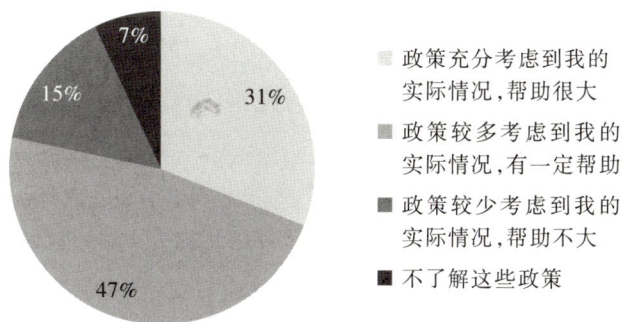

图1-3 退役军人对相关政策的满意率

《中华人民共和国退役军人保障法》在"第三章 退役安置"和"第五章 就业创业"等中，均具体明确了工作内容、重点支持对象等，为促进退役军人就业创业构建了法律保障。招用退役军人依法享受税收优惠等政策的主体范围不仅限于企业，还包括了事业单位、社会组织等用人单位。

法律也明确规定政策"兜底"：退役军人未能及时就业的，在人力资源和社会保障部门办理求职登记后,可以按照规定享受失业保险待遇;有关用人单位依法裁减人员时,应当优先留用接收安置的转业和安排工作的退役军人。这将退役军人保障与国家社会保障有序衔接,不仅维护了退役军人的合法权益,而且使退役军人的特殊优待落地见效。

另外,根据政策规定,县级以上人民政府退役军人事务局(办)有权监督检查退役军人保障相关法律法规和政策措施落实情况,这明确了退役军人工作主管部门的检查监督权。退役军人有事反映,主管部门有义务解答和解决。

1. 促进就业

解决就业问题根本要靠经济发展。目前国家正千方百计稳定和扩大就业,坚持经济发展就业导向,扩大就业容量,提升就业质量,促进充分就业,保障劳动者待遇和权益。这意味着,国家将会创造更多就业岗位,就业质量提升将带来更高待遇和更好的发展机会,让更多人享受到经济发展的红利,增强获得感。推动劳动者实现体面劳动,强调的是改善工作环境,让职业尊严受到更多重视。

《人民日报》2021年1月19日发表的《强化就业优先政策(深入学习贯彻党的十九届五中全会精神)》中,在"完善重点群体就业支持体系"部分特别强调:"三要扎实做好退役军人就业工作。实施优惠扶持政策,强化针对性就业创业服务,稳定和拓宽就业渠道;增强职业技能培训实效性,给予政策支持,提升退役军人就业能力。"

浙江省也出台了一系列退役军人就业创业的支持政策。例如,2018年的《浙江省退役军人服务管理工作暂行办法》、中共浙江省委组织部等13部门联合印发的《关于做好退役军人就业创业工作的实施意见》等文件,涵盖范围和力度更大,充分体现了浙江省的决心和实力。

2. 学历教育

《中华人民共和国退役军人保障法》明确规定,高等学校根据国家统筹安排,可以通过单列计划、单独招生等方式招考退役军人;退役军人参加全国普通高考、成人高考、研究生考试,符合条件的可享受加分照顾,同等条件下优先录取。

现役军人入伍前已被普通高等学校录取或者是正在普通高等学校就学的,服现役期间保留入学资格或者学籍,退役后两年内允许入学或者复学,可以按照国家有关规定转入本校其他专业学习。

专科学历学生参军退役并完成专科学业后,从2022年起,可免试入读普通本科或成人本科。服役期间立二等功以上且符合报考条件的,可申请免初试攻读硕士研究生。

退役军人申请就读中等职业学校,经学校考核同意,可免试入学。并且在接受中等职业教育期间,退役军人可按规定享受免学费和国家助学金资助。

对退役一年以上、参加全国统一高考,考入全日制普通本科和高专高职学校的自主就业退役军人,学历教育期间按规定享受学费资助和相关奖助学金资助,家庭经济困难退役军人享受学生生活费补助。

《中华人民共和国退役军人保障法》不仅为退役军人提供了急需的学历教育保障,而且提供了宝贵的缓冲期,让退役军人进一步认识和提升自己。读大学的收获主要是两方面:一是对专业有一个初步的认识;二是培养自学能力。大部分学生,在大学期间至少要学习40门课程,基本弄清了各专业课的逻辑结构,以后学习新知识,就知道从哪里入手了。所以退役军人要充分利用好国家鼓励读大学的时机,满格充电,整装待发。

3. 技能培训

《中华人民共和国退役军人保障法》规定,要完善退役前的教育培训。在军人退役前,所在部队可以提供职业技能储备培训,组织参加有关学历和非学历继续教育。

在军人退役前,所在部队在保证完成军事任务的前提下,可以根据部队特点和条件提供职业技能储备培训,组织参加高等教育自学考试和各类高等学校举办的高等学历继续教育,以及知识拓展、技能培训等非学历继续教育。同时,法律还明确部队所在地县级以上地方人民政府退役军人工作主管部门应当为现役军人所在部队开展教育培训提供支持和协助。

国务院印发了《国家职业教育改革实施方案》,要求共同做好面向现役军人的教育培训,支持其在服役期间取得多类职业技能等级证书,提升技术技能水平。另外,要求落实好定向培养直招士官政策,推动地方院校与军队院校有效对接,推动优质职业教育资源向军事人才培养开放,建立军地网络教育资源共享机制。

各项政策也鼓励军地共同为退役军人的整个职业发展过程保驾护航。军人可在退役前做好职业价值观等测评,在退役初期做好职业心态调整和能力准备,在就业创业之前做好职业生涯规划,在职业转换初期做好职业适应,在职业中后期做好职业成长。

各地也积极尝试构建退役军人技能培训的创新体系,具体政策可查询或咨询当地主管部门。比如,很多地区将退役军人纳入国家终身职业技能培训政策和组织实施体系,鼓励用人单位定期组织退役军人参加岗位技能提升和知识更新培训。积极开展教育培训后期跟踪服务,对其在工作中面临的问题、职业转换或职业晋升提供再指导和再培训。符合条件的在职和下岗失业退役军人(配偶)按规定参加职业技能培训、鉴定或考核,取得相应等级国家职业资格证书(含职业技能等级证书、专项能力证书)的,由当地财政给予每人一次性职业技能培训补贴。构建退役军人全寿命周期教育培训体系。与部队相关单位密切协同,将退役军人教育前移至服役期,通过网络教育或实地培训等多种形式,以学分制为衔接载体,实现服役期与退役期教育培训相衔接。江苏等地已经尝试并取得了先进经验,建立了退役军人技能培训与学历教育学分转换体系,以及军地教育培训学分积累制度和军地职业资格认证对接制度,推进军事教育培训与社会教育培训无缝对接。

各地也积极探索先进的培训方法。采用先进高效的培训模式,如就业创业的OMO(线上线下融合)模式、新型学徒制,以及工作坊、训练营等模式,并努力推出更多精品课程,缩小培训内容与用人单位的实际要求之间的差距。

4. 鼓励提升技能

全国范围内,技能人才的求人倍率长期保持在1.5以上。因此,国家将要实施"技能中国"行动,推动落实终身职业技能培训制度,开展常态化大规模多方式的职业技能提升行动并建立长效机制。另外,将完善技能人才培养、使用、评价和激励机制。在这方面,杭州已经率先出台了鼓励技能人才落户政策,将技能证书与大学学历同等优先,为技能人才的工作和生活提供了极大便利。

浙江省也推出了较高的技能提升补贴。退役军人在企业就业,依法参加失业保险,累计缴纳失业保险费36个月及以上,取得初级(五级)、中级(四级)、高级(三级)职业资格证书或职业技能等级证书的,可按规定享受技能提升补贴。由于浙江省对于技能人才的高度重视,人才可以享受每月至少300元的技能提升补贴。

二、管理

1. 就业公共服务体系更加健全

目前全国县(区)以上普遍设立了就业公共服务机构,超过98%的街道、乡镇建立了服务窗口,提供登记招聘、登记求职、职业指导、职业介绍、创业指导等免费服务。这些窗口,大部分设置了专岗专人对接退役军人,为退役军人职业适应创造了便利条件。

另外,特别值得退役军人注意和期待的是就业公共服务体系的改进方向:

一要推进基本服务均等化,提升城乡公共服务能力,打破体制、部门、地域等限制,使劳动者不论来自何方、去哪里就业和创业,都能享受同等的公共服务。

二要推进信息服务智慧化,建立全国统一的信息系统,推进信息互联互通和数据共享,实现供求双方即时匹配、智能匹配。这意味着,就业不受户籍的限制,只要有单位需要的本领,就可以方便地在全国内就业,同时在寻找工作机会、培训等方面也更加"私人定制"。

三要推进重点群体服务精准化,根据不同劳动者的自身条件和服务需求,构建精准识别、精细分类、专业指导的服务模式,提供个性化服务措施和解决方案。退役军人属于重点群体,也会得到更多精准贴心的服务。

四要推进服务主体多元化,鼓励引导社会力量广泛深入参与就业服务,探索建立创业指导专家、就业指导专家等志愿者团队,多渠道为劳动者提供专业化服务。这意味着,提供就业帮助的"高人"和"大咖"更多,服务质量也将进一步提升。

以上四项保证了退役军人在全国范围内适应和转换职业都会是"一路绿灯"。

2. 管理手段日益先进

各地不断改进对退役军人的管理,让管理更加智慧化、人性化,更加细致、精准,效率更高。如成都市为帮助退役军人尽快融入社会,建立了全市联网、上下贯通的"退役军人智慧服务大数据平台",准确掌握全市范围内的退役军人人数、分布情况、服务成效,有利于摸清底数,提供精准服务,发挥更好的作用。服务方式的创新,增强了退役军人的获得感、幸福感和荣誉感。再如,浙江省各地充分利用"最多跑零次"的改革契机,不断改善退役军人相关服务的水平。2020年,绍兴市退役军人事务局组织和完成了对全市退役军人的全面调查摸底,获得了总计140150名退役军人相关的基础数据,包括区域分布、结构数据,为管理工作奠定了坚实的基础。

很多地区已经建立了退役军人就业台账,实行实名制管理,动态掌握就业情况,对出现失业的,及时纳入再就业帮扶范围。这实现了与人力资源和社会保障等部门数据库的互通共享,可以及时掌握退役军人就业创业的动向和状态,并强化数据的分析和应用,为退役军人就业创业政策制定、质量管理提供全面及时的依据。

浙江多个地区乘上了深化"数字浙江"建设的东风,严格按照数字化政府的要求努力做好顶层框架设计,构建集成具有政策查询、信息发布等主要功能的退役军人服务一站式平台,为退役军人提供就业创业相关的线上服务,包括法律援助、在线咨询、就业登记、招聘服务、失业登记、失业保险金发放、人事档案接收和转出、材料归集等全方位一站式数字集成服务。该平台目前已经成为当地退役军人就业创业的首选渠道,在覆盖率、使用率、活跃率、满意率等指标上领先于其他类似平台。典型的是杭州以做优做强"老兵码"为抓手,加强数字技术在退役军人就业创业领域的应用,拓展了"码上就业""码上创业""码上教育培训""码上政策咨询"等应用场景。

三、经济

1. 国内宏观经济健康发展

我国经济保持持续健康发展,经济实力跃上新的大台阶。经济运行总体平稳,经济增速在世界主要经济体中名列前茅,连续多年对世界经济增长贡献率超过30%。2020年,我国统筹疫情防控和经济社会发展,率先实现经济增长由负转正,国内生产总值增长2.3%,成为全球唯一实现经济正增长的主要经济体,显现出强大韧性和抗冲击能力。

我国经济结构持续优化,供给侧结构性改革深入推进。产业结构加快升级,服务业比重提高,制造业增加值稳居世界第一,装备制造业和高技术制造业比重提升,220多种工业品产量居世界第一。数字经济异军突起,远程办公、在线教育、网上医疗等加速发展,5G、人工智能、工业互联网、物联网等新型基础设施建设全面展开,产业数字化智能化转型明显加快,新产业、新业态、新模式蓬勃发展。

我国脱贫攻坚成果举世瞩目,人民生活水平显著提高。2020年末,现行标准下农村贫困人口全部脱贫,困扰中华民族几千年的绝对贫困问题历史性地得到解决,我国创造了彪炳史册的人间奇迹。我国提前10年实现《联合国2030年可持续发展议程》减贫目标,为人类减贫事业做出了巨大贡献。2020年在新冠肺炎疫情对居民增收造成巨大压力的情况下,我国居民人均可支配收入实际增长2.1%,保持与经济增长基本同步。

全面深化改革取得重大突破,对外开放持续扩大。2020年,我国货物进出口总额达到32.2万亿元,同比增长1.9%,成为全球唯一实现贸易正增长的主要经济体,货物贸易第一大国地位进一步得到巩固;在全球跨国直接投资大幅下降的情况下,我国实际使用外资逆势增长,达到1443.7亿美元,规模再创历史新高,成为全球新增外商直接投资的第一大目的地。

特别值得自豪的是,我国的产业链和规模已经达到世界领先水平。这次疫情期间,国内经济之所以能够在全世界率先恢复正常状态,重新成为全世界商品的主要供应源,就是依靠这样出色的产业链和规模。这也让曾经的"中国制造还能红火多久""制造业转移到其他国家"等消极论调不攻自破。

长三角和珠三角无疑是其中的杰出代表。以长三角为例,特色产业集群星罗棋布,直播电商、跨境电商等新兴行业的蓬勃发展,加上稳定的就业基础,创造了大量中高薪岗位,吸引了众多优秀人才,经济始终处于高质量的上升通道中。

2. 浙江经济表现出色

根据对376名退役军人的调查数据,80%的退役军人认为目前浙江经济形势很好,能提供很多不错的职业机会;17%的退役军人认为一般,没有很多优良的职业机会;还有3%的认为较差,几乎没有优良的职业机会。数据如图1-4所示。

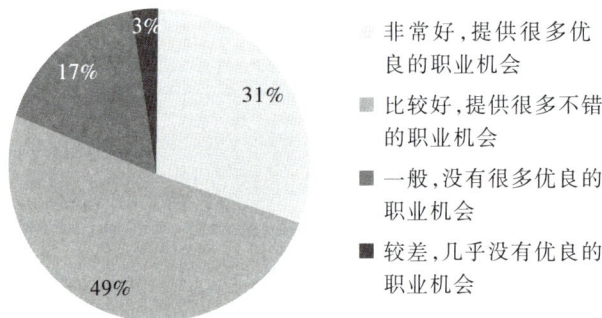

图1-4 退役军人对浙江经济形势的看法

事实上,浙江经济确实表现优异。主要特点如下:

(1)目标高远宏伟

浙江在2035年远景目标中提出,到2035年,将基本实现高水平现代化,成为新时代全面展示中国特色社会主义制度优越性的重要窗口。与建设"重要窗口"相适应,浙江要全面推进现代产业体系、科技创新体系、全面开放体系、协调发展体系、社会治理体系、先进文化体系、生态文明体系、民生保障体系、风险防控体系、政治保障体系等方面的现代化建设。这是退役军人职业适应的历史性机遇,因为主体和配套产业都会得到大力发展和提升。

浙江要争创社会主义现代化先行省的"四高地两区一家园",即努力打造经济高质量发展高地、三大科创高地、改革开放新高地、新时代文化高地、美丽中国先行示范区、省域现代治理先行示范区、人民幸福美好家园。

三大科创高地是"互联网+"、生命健康和新材料,将成为全球创新策源地。比如,杭州城西科创大走廊,东起浙江大学紫金港校区,西至浙江农林大学,一路向西串起紫金港科技城、杭州云城、未来科技城、青山湖科技城……这条33千米长的大走廊区域,已集聚国家重点实验室12家、科研院所61家、诺贝尔奖获得者和院士工作站19家、博士后工作站22家。《浙江省委关于制定浙江"十四五"规划和2035年远景目标的建议》提出要建设创新策源地,打造综合性国家科学中心和区域性创新高地。这意味着产业将会更加发达、功能将会更加完善,也为退役军人职业适应提供了广阔舞台。更多科技产业巨头、资金、人才将汇集于此,创造更多高质量的工作岗位。通俗点说,大河水满了,小河自然涨得更高。

浙江省委提出了具有牵引性、创新性、突破性的"13项战略抓手",明确了浙江改革发展的任务书、路线图。例如,着力打好构建新发展格局组合拳。浙江具有率先打造国内大循环的战略支点、国内国际双循环的战略枢纽的实践基础,将高起点提升城乡区域经济循环,高质量服务国内大循环,高水平融入国际大循环,为全国形成新发展格局做出贡献。这意味着,浙江将进一步发挥制造业等多个领域的雄厚积累,对外贸易面临更好的局面。

(2)经济基础雄厚

根据国家统一初步核算,2020年浙江省生产总值为64613亿元,按可比价格计算,比上年增长3.6%。数字经济逆势成长,2020年浙江省全年以新产业、新业态、新模式为主要特征的"三新"经济增加值占GDP的27.0%。2020年,浙江省全年城镇新增就业111.8万人。

人均可支配收入是衡量老百姓能拿到手的财富的核心指标。2020年浙江全省居民人均可支配收入为52397元,比上年增长5.0%,扣除价格因素增长2.6%。按常住地分,浙江省的城镇和农村居民人均可支配收入分别为62699元和31930元,分别增长4.2%和6.9%,扣除价格因素分别增长2.1%和4.0%。2020年末浙江省每百户居民家庭拥有家用汽车48.2辆、彩色电视机176.1台、电冰箱106.5台、洗衣机93.7台、空调198.5台、热水器105.9台。

2021年一季度,浙江经济增速呈现高于全国、领跑东部的态势。全省生产总值16347亿元,同比增长19.5%。38个工业行业大类中,37个行业实现正增长,其中32个行业增速高于20%。数字经济核心产业制造业增加值增长47.1%,拉动规模以上工业增加值增长

6.1%。高端装备、战略性新兴、高技术和高新技术等产业制造业增加值分别增长44.9%、39.5%、38.9%和38.3%。10个服务业行业门类营业收入同比均实现增长，其中，信息传输、软件和信息技术服务业增长42.3%，科学研究和技术服务业增长35.8%。进出口、出口和进口总额分别为8619亿元、6138亿元和2481亿元，同比增长37.2%、39.0%和32.9%，机电、高新技术产品出口分别增长49.3%和60.8%。这些数据说明，浙江经济结构先进，而且发展势头正旺。

2020年，浙江省一般公共预算支出也有较大增长。其中，公共安全、教育、社会保障和就业、卫生健康、节能环保、城乡社区、农林水、住房保障等支出共计占一般公共预算支出的近7成，民生支出保障有力。

（3）省内发展均衡

浙江的县域经济较强，一县（甚至一镇）之内常有声名远播的特色产业，例如桐庐的快递、海宁的皮革、永康的五金、义乌的小商品批发等。

2002年，浙江开启"山海协作"工程，推动欠发达山区和发达沿海地区展开经济合作，协同发展。这项工程至今仍在继续。

（4）城乡发展均衡

2020年，浙江全省农村居民人均可支配收入为31930元，在全国省级行政单位中，仅次于上海，高于北京、天津、江苏、广东。2020年，嘉兴的农村居民人均可支配收入居全国第一，近40000元，大约和贵阳（40305元）、重庆（40006元）、哈尔滨（39791元）、南宁（38542元）这些省会城市或直辖市的城镇人均可支配收入持平。2020年，农村居民人均可支配收入居全国第二的是宁波，第三是舟山。全国农村居民人均可支配收入前10名中，有6座浙江城市；全国前20名中，有9座浙江城市；浙江全省11地级市，都在全国农村居民人均可支配收入前40名之内。

（5）民营经济强大

2020年中国民营企业500强中，浙江共有96家企业上榜，连续22年排名全国第一。民营经济创造的税收占全省税收收入的73.9%。

人均工厂数量方面，浙江也是全国第一（若论全部企业，则浙江共有138万余家，平均每42人就有一家企业）。大多数制造企业已经在大力转型升级为"智造"，高质量就业机会更多。即使在传统的服装行业，大多数企业也不再走"低质低价、面大量广"的老路，而是提高质量，通过AI技术，用计算机测量三围，进行人工智能裁剪，采用优质面料，做精品服装。

经济总量前10名的国内城市里，杭州是唯一的民营经济增加值占比超过60%的城市，其共有39家企业上榜2020年中国民营企业500强，连续18年排名国内城市第一。而单单一个萧山区，就有11家企业上榜。

民营经济兴盛,代表更强的经济活力和市场适应力,同时,意味着政企互动良好。中华全国工商业联合会发布的《2020年万家民营企业评营商环境报告》,是由一线企业打分得出的报告(也有客观数据的权重),堪称营商环境的"大众点评"。根据得分,营商环境最好的城市是杭州,其后是上海、苏州、南京等,温州和宁波分列第六、第七位,排在深圳、广州、成都之前。

四、社会

1. 尊崇氛围日益浓厚

《中华人民共和国退役军人保障法》明确提出"坚持普惠与优待叠加",对普通公民享有的普惠性保障,退役军人都可以享受;其还对退役军人特有的优待、困难帮扶援助等做了专门规定,增强了退役军人的荣誉感和获得感。

《中华人民共和国退役军人保障法》明确规定,退役军人安置地人民政府在接收退役军人时,应当举行迎接仪式。地方人民政府应当为退役军人家庭悬挂光荣牌,定期开展走访慰问活动。

安置地人民政府退役军人工作主管部门在接收退役军人时,向退役军人发放退役军人优待证。退役军人优待证全国统一制发、统一编号,从"省级"的优待证升级为"国家级"的优待证,在全国范围内都具备有效性。基于此,退役军人可在全国范围内享受旅游、城市公共交通等优待。

该法还规定了"对参战退役军人提高优待标准""退役军人现役期间获得表彰、奖励的,退役后按照国家有关规定享受相应待遇"等。这有利于在全社会形成热爱英雄、尊崇英雄、学习英雄的浓厚氛围。

2. 积极运用科技手段推进

2020年7月底,杭州市退役军人事务局推出"老兵码"。2021年2月4日,中央电视台国防军事频道的《国防军事早报》栏目播出了杭州市"老兵码"的相关情况。

"老兵码"是杭州市依托数字治理打造的特色服务。截至2021年3月底,"老兵码"申领量已突破9万。退役军人可通过支付宝生活号、浙里办平台在线申领"老兵码"。

"老兵码"的主要功能包括:

就业招聘板块。退役军人可以进行线上投递简历、线上沟通,也可选择直接电话联系,参加线上、线下专场招聘会,管理个人简历,收藏岗位、面试信息,等等。

商家优惠板块。退役军人可以浏览本地商家提供的消费优惠、排队优惠等各种福利,目前全市各区县(市)已有800余家崇军商家加入,为退役军人提供福利,其中不乏华数TV等大型企业。

医疗服务板块。分为优先就诊,以及九洲大药房专属退役军人优惠,医院可享受挂号优先、免费挂号、费用优惠等内容。

知识学习板块。由淘宝大学提供,专为退役军人提供积分兑换课程,免费课程、优惠价格课程提供关于创业、运营方向的课程。

针对部分高龄退役军人不方便使用手机的情况,还专门推出了"老兵码"子女代持功能。如果有什么问题想要咨询,使用者可以直接在"老兵码"上提交反馈,工作人员将在后台处理。

这些正能量满满的努力,也得到了退役军人的高度评价。根据对376名退役军人的调查数据,81%的退役军人认为目前社会中大多数人对于退役军人适应新职业的态度是支持的;16%的退役军人认为一般;认为较差的仅有3%。数据如图1-5所示。

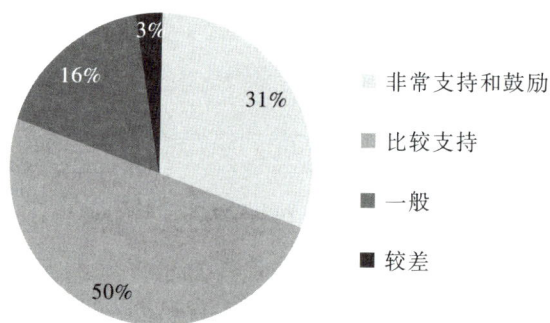

图1-5 退役军人对社会支持的看法

第四节
职业适应的重点

在职业适应的诸多事项中,退役军人应当重点做好以下五个方面:

一、尽快进入轨道

目前,在新生代就业群体中"慢就业"和"待定族"逐渐兴起,"间隔年"的现象日益增多。部分退役军人因为有退役金,或者家里经济条件较好,态度更加"淡定"。他们毕业或辞职后,既不就业也不升学,而是选择考察创业项目、进行短暂的游学或者确定在家待业。

如果给自己一段时间的缓冲是情有可原的,因为退役军人确实需要时间或思考未来的职业方向,或重新审视从前的职业选择。但一定要有紧迫感,千万不要因为一时找不到满意的工作,就一直处于闲置状态。那样的话,就会从"发霉"慢慢变成"倒霉"。

因此需要给这段时间一个明确的期限,建议不要超过三个月。原因非常简单:超过三个月,不但招聘单位会担心应聘者的职业态度,就连应聘者自己恐怕也没有多少拼搏和奋斗的意愿了。事实已经证明,很多打着"慢就业"旗号的年轻人,其实只是不愿意过早步入职场去适应社会,或者是不适应职场生活而选择消极应对。与其无意义地一再拖延进入职场的时间,还不如主动迎接挑战,拿出勇气步入职场,尽早适应职场生活。

二、积极顺应大势

根据国家"十四五"规划和2035年远景目标纲要,"十四五"期间我国产业发展将呈现四个趋势。

一是科技创新、科技自主。"十四五"期间科技行业将有两大鲜明特点:其一,研发投入将有显著提升,科技攻关也将成为重中之重;其二,主要有三大突破方向,包括人工智能、量子信息等前沿领域,新一代信息技术、生物技术、新能源等战略性新兴产业,数字社会、以及数字政府等数字经济。

二是新型消费。我国消费将呈现三大关注点:一是收入分配机制改革有望明显提速,主要目标是壮大中等收入群体规模;二是化妆品、零食、电商等新零售和医疗、教育、养老等服务消费有望快速发展;三是免税行业、城乡消费、县域消费是主要突破方向。

三是碳达峰、碳中和。这蕴含三大投资机会:大力发展清洁能源,推进电力系统转型,核、光、风、水发电及储能投资可能持续加码;推进工业、建筑、交通等重点行业节能减排改造,节能环保产业可能迎来确定性增长机会;除了继续大规模植树造林、加强资源回收利用等传统手段,碳交易市场建设、碳捕捉与封存技术可能将有很大的发展。

四是城市群都市圈。"大国大城"和"以点带面"的发展思路,预示珠三角将以广州、深圳、珠海等为中心,长三角将以上海、杭州等为中心。对应来看,配套的户籍制度改革将加快推进,城际铁路、市域市郊铁路建设、高速公路环线系统、"一小时交通圈"轨道交通等城市群都市圈交通一体化进程将显著提速。

"十四五"美好蓝图已经绘就,中国也将在两个"一百年"交汇之际,交出一份有中国特色、有中国速度、有中国质量的答卷。如果积极顺应和投身于这些趋势,退役军人的职业适应和人生也必将更加精彩。

三、努力提升职业价值

1. 三种错误方式

在职场中,很多人把工作重心放错了,所以尽管非常卖力,但根本体现不出自己的价值。主要表现有三种:

第一种是围绕工作职责来工作,结果很可能是:在领导看来,工作职责就是完成岗位规定的事,做得好是分内之事,做得不好就是很大的毛病。

第二种是围绕上级来工作,结果很可能是:上级把一些鸡毛蒜皮的小事或没人愿做的杂事让你做,最后等不到真正的成长。拉长时间来看,这样是亏的,甚至可能有反作用。

第三种是围绕兴趣来工作,这其实是一种任性,一种不成熟的表现。结果很可能是:真的做了兴趣浓厚的工作,又会发现兴趣带来的快乐所剩无几,甚至会丧失兴趣。因为兴趣带来乐趣的前提,是以轻松惬意的状态来享受的,而一旦成为工作,这个前提可能就消失了。

2. 围绕价值来工作

比这三种方式更加高明高效的是,围绕价值来工作。对于大多数用人单位而言,考试分数或者高学历这些传统指标的意义已经有所减少,其关心的重点是,员工的工作质量如何? 给单位创造了什么效益? 为社会做了多少贡献?

任何单位也都迫切需要能帮单位创造价值的人,比如,为企业赚钱的人,为单位争取荣誉、解决难题的人。员工设计出了优秀的作品,就可以拿高薪;服务态度好,就该多拿奖金;在街上,智斗歹徒,见义勇为,就应该得到激励。

3. 努力成为人才

提升价值的最直接做法是成为人才。所谓人才,就是拥有能为单位创造重要价值的资源,是业务上离不开的人。通俗点说,单位离了此人就玩不转或者转不灵光。比如,做销售的,能把别人卖不出去的物品销售一空;写程序的,编程能力技高一筹,别人束手无策的bug,某人却能"手到擒来"。要想成为人才,需要思维、实践、知识三管齐下。

(1)思维:形成自己的思考利器,能够筛选出核心的信息,把无关紧要的直接过滤掉,透过纷繁复杂的现象抓到本质。在有限的时间内,全面系统地去分析解决问题。

(2)实践:经历过大量现实的历练,克服重重困难,在完成一项项任务的过程中,挖掘潜力、发挥能力、释放能量。

(3)知识:建立良好的知识储备,不管是在深度上还是广度上都要达到很高的水平。可以用很短的时间,逻辑清晰、简单明了地说出核心内容,也可以抓住一个点引出整个领域的全貌。

职业适应不仅需要努力，更需要智慧。随着时间的推移，强大的适应能力就会慢慢锻炼出来。

最后特别提示：为了提高自己的工作价值，退役军人千万别害怕吃亏，要从锻炼自己的角度出发，尽量多为单位做点贡献。尤其是跨部门的业务，对个人成长帮助非常大。不过要注意的是，多做有挑战性的事情，尽量少做垃圾工作——那些消耗很多时间、精力，而自己从中得不到任何提升的工作。

四、勇于接受挑战

当今年轻人所面临的职场，和过去已经有了很大的区别。上一代人只要依靠一门手艺就可以谋生，而现在的人更需要面对的是如何克服自己原本的局限，在职场上不断获得新的成长。

职场如战场，是"我"和自己的战争——和那个懒惰、不思进取、得过且过、幼稚无知的自己的战争。许多公司，尤其是互联网公司或创业公司从来不会等你变得更成熟、更稳重、更渊博，才把重要的任务交给你，也不会派一个经验丰富的老师傅，手把手地带你十年，才放手让你单飞。职场新人愿意去接受一个超过自己认知的挑战，这本身就是极大的职场价值，会让领导看在眼里、记在心上。并且，只要抓住一个机会，做出闪光的成绩，职业生涯和人生命运就能大为改变。"人到万难须放胆"，如果不勇于抓住机会而是牵挂太多，顾虑和软肋都会增加，成功的难度也就大幅上升了。

五、尝试突破边界

1. 无边界职业生涯

现在越来越多的年轻人选择无边界职业生涯，即从事职业工作的人，不再局限于在某一个特定的组织（企业）从事长期稳定的工作，而是在某一行业的不同组织（企业）或跨行业组织（企业）从事相同、近似或不同的职业岗位工作。职业生涯的无边界（或反复跨界）成为一种常态。其实，这也是就业新形态的一种延伸。

个人与企业之间雇佣关系发生了巨大变化：短期化雇佣代替长期化雇佣，职业个体更注重个人能力的提升，更看重企业的培训机制和工作的挑战性。职业个体对企业的忠诚度被个体能力提升需要代替，个体与组织（企业）之间的心理契约由传统的"关系型"向"交易型"转变。雇用时间的长短，更多取决于个体对知识、能力、经验、兴趣、人际关系新需求的满足程度，而不是传统的职位、待遇等。

职业个体的成功标准也随之发生变化。在传统的职业生涯中，职业成功更多地体现为薪酬增长、职位晋升、职业声望提高、系统内人际关系稳定等外在因素;而在无边界职业生涯中,职业成功可能体现在知识和技术水平具有一定的广度和深度、个人兴趣爱好与工作契合、个人工作与家庭生活达到平衡、职业生涯经验丰富和人际关系或社会网络的扩大度超出系统边界等内在因素。

无边界职业生涯模式下,职业个体需要更强的职业适应能力,在心理能力、认知能力和行为能力等方面都要满足更高的要求。

2. U盘化生存

这是另一种更加可行和普遍的方式。U盘的特点是存储量大、方便携带又自带操作系统,插在任何电脑上都能马上发挥作用。U盘式人才也类似,有一技之长,适应力强,是一块金砖,哪里需要往哪里搬,搬到哪里都能立即担当起职责。

这种人才到处受到热烈欢迎。尤其是现在很多单位越来越多地采用项目制管理方式,绩效和收入全部以参与项目的数量和贡献来核算,无疑为U盘式人才大显身手提供了更大的舞台。

3. "斜杠青年"

即使不能成为上述两种方式,也可努力成为现在流行的"斜杠青年"。所谓"斜杠青年",就是本职工作之余,还有至少一样有较高竞争力的本领,可以为自己带来实实在在的经济效益。比如,某退役军人在社区担任安全网格员,他的业余爱好是拉丁舞,下班后在某平台直播,半年下来积累了10万粉丝。由于粉丝忠诚度高,他可以偶尔推销下日常生活用品,为自己增加一些额外收入。更惊喜的是,他的粉丝中也有其管辖的社区居民,这些人经常帮他收集安全信息,真正实现了工作生活"两开花"。

参考文献

[1]陆健,严红枫.浙江:争创社会主义现代化先行省[N].光明日报,2021-01-03(2).

[2]美团研究院,智联招聘.2020年生活服务业新业态和新职业从业者报告[R/OL].(2020-10-12)[2020-10-24].https://www.sohu.com/a/424359829_565998.

[3]王一鸣.领航中国经济巨轮行稳致远(深入学习贯彻习近平新时代中国特色社会主义思想)[N].人民日报,2021-04-21(9).

[4]熊园."十四五"期间四大行业领域将迎新机遇[N],经济参考报,2021-03-26(A05).

[5]张纪南.强化就业优先政策(深入学习贯彻党的十九届五中全会精神)[N].人民日报,2021-01-19(9).

[6]浙江省人力资源和社会保障厅.中共浙江省委组织部等13部门关于做好退役军人就业创业工作的实施意见(浙人社发〔2018〕112号)[EB/OL].(2020-06-22)[2020-10-16].

http://tyjrswt.zj.gov.cn/art/2020/6/22/art_1643745_48535815.html.

［7］浙江省统计局,国家统计局浙江调查总队.一季度浙江经济运行情况［EB/OL］.(2021-04-25)［2021-05-06］. http://tjj.zj.gov.cn/art/2021/4/25/art_1229129214_4600392.html.

推荐资料

1. 浙江民生休闲频道《1818黄金眼》:开地铁的小姐姐王逸琴
2. 新华网职场频道

思考与练习

1. 回顾一下你在新兵连期间是怎样适应的? 有哪些经验教训? 对未来有什么启示?
2. 职业适应的重点中,你个人的重点应当是哪几个? 原因是什么?
3. 你有哪几项爱好? 你是否有成为"斜杠青年"的潜力? 怎样将潜力转化为实力?

第二章

退役军人职业心理适应

　　果然被丁新成说中了,毕俊营工作了三个月之后,劲头明显下滑,因为他感到了不小的落差,尤其是领导的评价方面——在部队时候经常受到表扬,没想到现在反而是挨批评成了家常便饭。

　　一想到以后的工作中还不知道会出现什么情况,毕俊营的心理压力之大如同一块块石头慢慢堆积,已经快超过北高峰了。他不禁开始怀疑自己,怕自己"hold"不住这份工作,也不知道在这个岗位上能够坚持多久。

　　丁新成自然是他第一个想到的人。听到微信语音里毕俊营无精打采的音调,丁新成二话不说,直接让他晚上下班后到公司楼下的茶馆当面聊聊。

　　丁新成一进门,看到的是一个蔫头耷脑的毕俊营。"太阳从西边出来了,生龙活虎的毕同学变成了'呆龙木虎',还是头一回啊!遭到什么打击啦?"他一边开着玩笑,一边坐下。

　　"哎,"毕俊营叹了一口气,"别提了!现在感觉怎么干活都要犯错,领导的脸色只有淡黑和墨黑……"

　　丁新成点了一壶茶说道:"今年新采的龙井,最适合你现在的心情。具体说说吧?"

　　毕俊营讲了两个例子。一次是在检修时,他觉得任务很简单,准备按照自己在部队时的做法去做。刚做到一半,班长就批评他心太急,没有考虑好后续问题,他只好遵照班长的要求重新来过。本来他也没觉得是多大事情,但是班长几次在其他成员面前明里暗里地强调:每个人都要守规矩,不要以为自己懂点专业就胡乱下手。这让毕俊营很尴尬,因为没人不知道班长说的是谁。

　　这次批评之后,毕俊营确实认真仔细多了。在一次讨论检修方案时,班长让每个人提出自己的想法,结果毕俊营思前想后、反复比较了几个方案,始终不太确定,也就没发言。班长又嫌他半天磨不出一句话,工作效率太低,投入度不够。最后,班长采纳了别人的方案,还说了什么"给机会都不会利用"之类的话。这下毕俊营更加郁闷了,觉得班长就是有意针对自己,挑自己的毛病。自此之后,他和班长互相看不顺眼了。

　　他咕咚咕咚喝下半杯茶,又问丁新成:"你说,我是不是不该干检修啊?不然为什么班长的火力总是对着我狂喷猛呲呢?"

　　丁新成笑了:"老弟你想得太多了!其实你的烦恼啊,也是很多职场新人共同的烦恼。"他弹了几下手中的玻璃杯:"这杯子虽然漂亮,但美中不足就是太容易摔碎了……"

　　毕俊营反应很快:"你不会觉得我是玻璃心吧?咱当兵的人,至少也是钢化玻璃……"

丁新成回道："到一个完全陌生的新环境里,能做到'钢化玻璃'已经很好了。我完全理解你的处境,因为我当年也是这样,并且还没你这么'钢化'呢!"

看到毕俊营紧锁的剑眉恢复了原来的线条,丁新成继续说道:"说到底,你还是因为刚进职场,心理上没有适应造成的。我今天就当一回心理医生,给你分析和疏导一下吧!"

第一节

概述

一、职业心理的定义与结构

国内学者顾雪英认为,所谓职业心理,是指体现于职业活动之中的个体心理倾向和心理特征。它蕴含了两大系统,即职业心理的动力系统和条件系统。

职业心理的动力系统由对个体职业活动起发动、维持、巩固、深化作用的心理品质构成,包括职业兴趣、职业价值观等。它体现的是个体喜欢什么职业、想从事什么职业的心理取向,侧重点在于个体对于职业的倾向性。

职业心理的条件系统由决定个体能否顺利进行职业活动的心理品质构成,包括职业能力、职业行为风格等。它体现的是个体的条件系统对于他(她)适宜从事的职业领域的限制,最终要表现的是从职业心理的角度而言,个体能够从事什么职业,侧重点在于职业对于个体心理品质的要求,也就是一个人在职业活动中表现出的情感、认识等相对稳定的心理品质。

在《退役军人职业起步》一书的第二章中,关于毕俊营求职之前的职业自我认知部分,重点分析了职业兴趣、职业价值观、职业能力等,这些内容主要属于职业心理的动力系统。本章将要探讨的职业心理,更加侧重职业心理的条件系统中职业对于个体心理品质的要求。

二、职业心理适应的相关定义

很多学者把职业心理适应拆分为心理适应与职业适应两个维度来进行研究与测量。

关于心理适应,贾晓波给出的定义为:当外部环境发生变化时,主体通过自我调节系统做出能动反应,使自己的和行为方式更加符合环境变化和自身发展的要求,使主体与环境达到新的平衡。

张春兴认为,职业适应有消极和积极两种含义。就消极而言,指个人所从事的职业与自己的兴趣、能力、需求、愿望等条件配合的情形。如果个人所从事的职业与上述各方面所有条件或大部分条件配合,即表示职业适应良好。就积极而言,指个人自愿配合职业上的限制或要求,肯主动学习从而提高能力,培养兴趣,克服困难,在职场活动中得到满足,最后达成自己愿望的适应过程。

综上所述,职业心理适应是指职业主体的心理活动对新的职业环境进行能动反映,以达到良好适应职业环境的目的。

根据组织社会化理论,当新员工进入一个陌生环境,良好的组织社会化能够帮助其减轻紧张感,缓解不确定性带来的压力,以及平衡现实与理想之间的差距,让其认同组织的文化并将其内化为自身的价值观,从而使自己的外在行为表现有利于组织的发展。

第二节
常见职业心理适应问题

心理上的不适应主要体现在负面情绪的增加,包括害怕、焦虑、郁闷及浮躁等。退役军人从部队进入地方,生活环境相差甚大,心理常常无法转变,自然会出现或多或少的问题,例如,在部队取得成就,而在职场中认可度下降常会带来较大的心理落差。而且在单位中人生地不熟,一时难以建立新的信任关系,难免感到"孤独寂寞冷"。面对环境的变化带来的压力和挑战却没有可以倾诉的对象,会促使职场新人的负面情绪累积,从而加剧心理上的不适应。

正如丁新成所言,毕俊营绝对不是个例。根据对376名退役军人的调查数据,关于进入职场的头三年的心理适应情况,有7%的人认为完全不好,34%的人认为有个别情况适应得不好,还有25%的人会觉得说不清,27%的人认为适应得比较好,只有7%的人认为适应得非常好。这说明退役军人还没有及时从心理上适应新的环境和挑战。具体数据如图2-1所示。

典型的就是毕俊营的心理活动和波动——踏入陌生的职场,身边没有一个朋友,单位内大家都有自己的小团体,一时间难以融入其中。原来在部队中经常受到表扬,是领导心目中的标杆,不免自我感觉良好;而到了职场中,认可度下降带来了较大的心理落差,受到批评之后心情沮丧,便产生了自我怀疑。在职场中这就是典型的职业心理不适应。好在毕俊营偶尔还能和老大哥丁新成一起聚聚,聊聊工作和生活中的琐事,可以排解内心的烦闷,不至于累积负面情绪,加剧心理上的不适应。

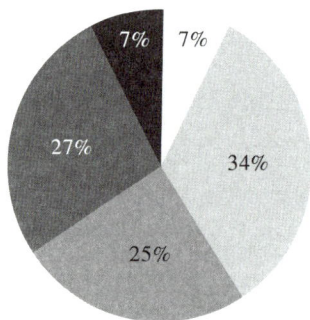

A. 完全不好　■ B. 有个别情况适应不好　■ C. 说不清
■ D. 适应得比较好　■ E. 适应得非常好

图 2-1　退役军人进入职场头三年适应情况

对于毕俊营和其他所有退役军人来说,关键在于了解自己发生这些变化的原因,并找到应对的措施。退役军人就业常见的职业心理适应问题有以下 10 种,对 376 名退役军人的相关调查数据如图 2-2 所示。

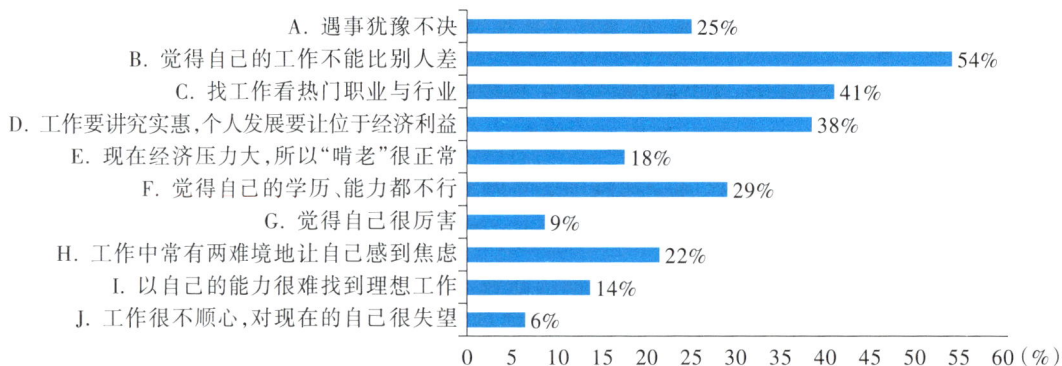

图 2-2　退役军人进入职场头三年常见的心理适应问题

从图 2-2 中可以看出:选择"觉得自己的工作不能比别人差"的占 54%,选择"找工作看热门职业与行业"的占 41%,选择"工作要讲究实惠,个人发展要让位于经济利益"的占 38%,选择"觉得自己的学历、能力都不行"的占 29%,选择"遇事犹豫不决"的占 25%……这些现象都代表了什么心理适应问题呢?下面将进行具体分析。

一、自卑心理

调查中,进入职场的头三年"觉得自己的学历、能力都不行"的退役军人占 29%,这证明有不少退役军人还是存在不同程度的自卑心理的。

自卑心理主要表现为对自身的能力素质评价较低,工作初期总是认为自己"不行""差一点"。持有这种观念的人,不敢主动展示自己,甚至会有意躲避工作中主动表现自己的机会。

最主要的原因是对自己的评价偏低,当然也有可能是因为自己专业技能和综合素质不够突出,以致无法顺利适应就业过程,由此自信心大大降低,心理上产生了"我不行"的想法。退役军人的这种自卑心理造成的后果是无法充分展示自己的优势与特长,从而影响工作状态和工作绩效。

以毕俊营遇到的情况为例,他被批评过几次后,开始产生自我怀疑,以为这是由于自己学历不高造成的,变得不自信了。这种心理如果不加干预,继续下去,就会形成"自卑—出错—更加自卑"的恶性循环。因此,退役军人要非常警惕这种心理。

二、盲目自大心理

调查中,选择"觉得自己很厉害"的占9%,这说明确实有部分退役军人有一种自大心理。一般人往往高估自己的能力,有自大心理的人对自己的高估,更是远远超过了正常和实际水平,但是持这种心理的人通常没有意识到这个问题。因此,他们会对工作抱有盲目乐观的心理,无法客观评估自身的能力,认为自己什么都会,应对工作完全没有问题,却不知自己工作经验尚浅,曾经学到的书本上的知识与现实的工作情况有很大差距。可以想象,他们在工作中也会无法虚心接受前辈的建议,想法过于自我,严重的话会影响工作任务的完成。他们对自身的定位以及工作环境的判断都不够清晰,加之认知方面有偏差,共同造成了这种盲目自大心理。

有些退役军人经常玩"心理蹦极",也就是在上述两种心理的两极中来回折腾:对自己忽而盲目自信,"蜜汁"优越;忽而"蜜汁"自卑,没开始工作就自己吓自己,觉得什么都不会、什么也不敢做,或者非常"玻璃心",在出现工作失误时不知所措,遇到点儿困难就逃走了。

三、从众心理

调查中,进入职场三年以内的退役军人认为"找工作看热门职业与行业"的有41%。热门职业与行业从某些角度来说证明了当前市场需求量大,但未必能保持多年,也不可能适合所有退役军人。因此,千万不能有人云亦云的从众心理。

从众心理的表现主要是缺乏主见,无法根据自己情况独立自主做出判断。斯蒂芬·罗宾斯这样解释从众心理:作为某个群体的一员,你肯定希望被该群体接受,因此,你往往会按照该群体的规范行事。持从众心理的人较少表达自己真实想法,看到别人在工作中怎么做,自己也怎么做,即所谓的"随大流"。有从众心理的人,害怕与众不同,缺少自我负责的态度,愿意依赖他人。一旦出现决策错误,也不需要自己负责任,因为可以找借口:"你看,大家都这样……"

大量证据表明,群体能够对其成员施加巨大压力,使其改变自己的态度和行为,以符合该群体的标准。很多退役军人在职业适应过程中也像当兵时一样,习惯将自己放在群体中考虑问题,甚至很少思考,认为自己随大流最妥当、最省心。可惜这样跟风造成的很多"热门"职业和行业,如果不适合自己,就会成为"热锅",自己就是上面的一只惶惶不可终日的蚂蚁。

当然,每个人都经历过来自同辈的压力,想和朋友或同事所做的决策不一样,并不是那么容易的事。这就需要对群体做出理性的判断,区别对待。如果群体或部门中大部分人都很努力,绩效很高,那么来自同事的同辈压力,无论是直接的还是间接的,都可以促使那些没有达到期望标准的人提高自己的绩效。从这个角度来说,同辈压力也可以是积极的。反之,同辈压力很可能具有破坏性。对那些没有按照群体规范行事的人来说,这会让他们感到格格不入,而那些对群体中的其他成员抱有不同看法的人会因此感到痛苦压抑。甚至同辈压力本身也可能成为一种不道德的手段,过度影响员工的行为与想法。

四、焦虑心理

调查中,选择"工作中常有两难境地让自己感到焦虑"的占22%。同时,进入职场的头三年,对于单位文化(领导风格、竞争压力等),有不少退役军人觉得有个别情况不适应。这说明他们都有焦虑心理,只是程度不同。

焦虑心理主要是指遇到挫折与困难等压力后,无法通过自我调适的方法正确面对压力,从而产生一系列负面情绪,如沮丧、失去信心等表现,对现实和未来表现出担心和忧虑。轻度的焦虑对工作有一定的积极作用,因为这种情绪状态可以激发潜能,使自己产生紧迫感,从而更积极地投入工作中。但是一旦焦虑过度,并因为压力过大产生一些生理反应,如失眠、血压升高等情况时,就需要小心了。

毕俊营在经受职场挫折后开始自我怀疑,并感觉"压力山大",就是焦虑心理加剧的典型表现。在这种情况下,毕俊营应当及时采纳丁新成的建议,充分意识到自己的问题所在,然后做出相应的调整,避免焦虑心理严重化。

五、完美主义心理

调查中,选择"遇事犹豫不决"的退役军人占25%。退役军人在就业时,由于职业经历较少,缺乏社会经验,在工作的时候会特别"深思熟虑",总是担心自己把工作搞砸,以致瞻前顾后、摇摆不定,最后的结果是耽误了工作进程。

这就是完美主义心理在作怪。初入职场的人担心做错事情,所以想的会多一点,这一点可以理解,但是如果因为怕这怕那,耽误工作,反而得不偿失。事实上,工作中的"不完美"是正常现象,一个人不可能改善所有的不完美。工作中的决策从来都不是用"完美"来衡量的,而是用"满意",所以要克服完美主义心理。

丁新成认为毕俊营在汇报方案时,就犯了这个错误。如果毕俊营不是思前想后,犹豫不决,就不会耽误汇报方案。如今的结果就是因为太想做到完美,反而让人感觉他不果断甚至不用心。事实上,工作中的很多部分都是需要不断改进的,不需要一下子做得特别完美,也没有办法一步到位。

六、功利主义心理

调查中发现,进入职场的头三年,退役军人选择"工作要讲究实惠,个人发展要让位于经济利益"的占38%。有些人在工作时过于看重经济利益,毕竟买房买车、谈恋爱、还信用卡都需要钱;有些人只关注前程,没有认真思考过个人能力。比如,他们刚到单位工作时,还没有足够的工作能力,一般被安排的岗位都是行政助理。而当好行政助理的要诀是细心,如果对待工作粗心大意,就会导致其他同事倒霉了。

在职业适应期中,退役军人更加要注意这一点,用看似"精明"的眼光看待工作的投入与回报。领导分配工作时,总想着和领导"谈条件",只关心报酬如何,有没有回报,而不是用成长性的眼光来看工作对于自己的价值,这种想法的根源是过于看重经济利益。适度考虑经济回报也是人之常情,过于功利的人,短期内可能得到眼前的利益和满足,但是从职业发展的动机来看,经济利益这种外在的物质报酬对自身只能起部分激励作用,真正唤起一个人职业发展内在动力的还是工作本身能与自己的兴趣、价值观等相匹配。退役军人要结合自身情况做长期规划,并努力实现规划的职业目标。

七、攀比心理

工作中有适度的比较,是人的正常心理。公平理论告诉我们,人们会计算他们从工作中获得的"产出"(如薪酬、晋升、认可等)与他们在工作中"投入"(努力、经验、教育),并拿自己的投入产出比与他人进行比较。如果认为自己的比值与比较对象的比值一致,就会觉得公平,反之就会产生不公平感。调查中,退役军人在职业适应期间"觉得自己的工作不能比别人差"的占54%,这个数据说明半数以上的退役军人对工作有一定的比较心理。

但是,如果比较过了头,比如,工作中不仅用自己身边的战友、同学工作的情况来对照自己,还要认为"别人有的我要有""别人没有的我还应该有",就成了盲目和过度攀比。这种心理产生的原因是自己没有坚定的职业价值观,人云亦云,不能清醒地认识自我和他人的不同,只是单纯地用外在标准作为评价工作好坏的参考。在工作过程中,如果有这种心理,会让人经常处于"算计"得失之中,无法安心工作。

八、"一枝独秀"心理

现在很多职场新人,由于个性张扬,在工作之初较少考虑他人感受,不重视维护人际关系,无论是对领导、对同事,都很少考虑说话的技巧性。部分还认为自己能干又出挑,只考虑自己舒服不舒服、愿意不愿意,很少站在团队视角上看问题。结果发现工作中离开了领导的支持、同事的配合,自己一个人根本玩不转,到处都碰得一鼻子灰。到时候,不仅自己不是"一枝独秀",甚至连基本的工作都完不成。大多数退役军人的内心未必多"傲娇",但是缺乏主动协调的意识,只想自己做好就够了,很可能也会给领导和同事留下"爱逞能"的消极印象。

第三节

职业心理适应调适方法

针对上述常见的八种职业适应心理问题,退役军人要如何调整适应呢?

第一,要明确的是,职业初期的心理适应问题是常见的。调查结果如图2-3所示,退役军人如果遇到职场的心理适应问题,53%的会选择"找专业的咨询师帮忙解决",52%的会选择"自己通过查找书籍等解决问题",49%的人会选择"找父母、老师或同学等帮忙解决"……

从这些结果可以看出,大多数退役军人能够积极主动解决心理适应方面的问题,寻找有效的解决方法。

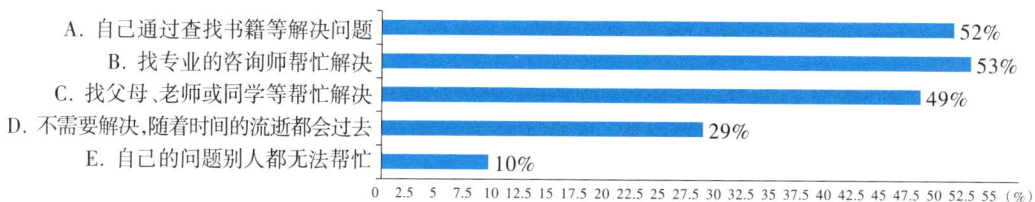

A. 自己通过查找书籍等解决问题　52%
B. 找专业的咨询师帮忙解决　53%
C. 找父母、老师或同学等帮忙解决　49%
D. 不需要解决,随着时间的流逝都会过去　29%
E. 自己的问题别人都无法帮忙　10%

0 2.5 5 7.5 10 12.5 15 17.5 20 22.5 25 27.5 30 32.5 35 37.5 40 42.5 45 47.5 50 52.5 55（%）

图2-3　退役军人的心理适应问题的解决方式

第二,选择适当的调适方法。表2-1中列举了一些常见方法,退役军人可以从中寻找良药。

表2-1　职业心理适应调适方法

方法	针对的问题
量力而行,主动出击	自卑心理、盲目自大心理
坚定自我,勇往直前	从众心理、攀比心理
开始行动,承认缺憾	完美主义心理
终身学习,着眼未来	功利主义心理、盲目自大心理
有效抗压,告别焦虑	焦虑心理
提升情商,保持主动	"一枝独秀"心理

一、量力而行,主动出击

要真实面对自己,真正做到从实际出发,认真盘点自身的条件,和用人单位的要求进行比对。应该脚踏实地,从自己力所能及的事情开始,通过实践积攒经验,在工作中深化学习。在这个过程中,无须妄自菲薄认为自己"不行",因为工作总是有个过程的,自己能做的就是迅速成长;同时,也不能狂妄自大,认为自己"很行",毕竟自己的社会经验与工作经验尚浅,要学习和积累的内容很多。工作中要抱着为组织创造价值、个人得到发展的理念,做到先生存、后发展。退役军人要善于发现职业适应的机会,在积极的行动中克服自卑心理与盲目自大心理。

对于毕俊营来说,在工作中主动表现是好事,但面对有些不是像自己这类经验浅的人能够主动解决的问题时,自己要做的就是踏踏实实跟在班长和其他老师傅身边,看他们怎么处理。丁新成建议他不要把关注点放在"是不是自己不适合干检修"这样的问题上,而是积极从工作中寻找突破口,比如向班长以及其他有经验的同事请教为什么自己的方案不行和他们思考的角度是什么,多做积累,少点抱怨。总之,一定竭尽全力先做好自己可以做的,在点点滴滴中不断提高自己的信心和能力,形成良性循环。

二、坚定自我,勇往直前

在工作过程中,最重要的是要弄清楚自己最看重的是什么,并以此为首要目标。在能力和资源有限的情况下,千万不能一下子制订多个目标,犯下"既要这又要那"的毛病;即使有多个目标,也要分清主次,先实现首要目标再考虑其他目标。在此基础上,围绕首要目标分析自己的优势、劣势以及兴趣,有针对性地扬长避短,才能步步为营,实现胜利。

如果首要目标不明确,同时对自己认识不清,就会陷入被别人影响的状态,摇摇摆摆,自己没有定见。一旦做了决策之后,就要本着为自己负责的精神,坚定地走自己的路。人云亦云不可取,因为自己不是别人;"你好所以我必须更好"也不可取,与其把关注点放在与别人的比较上,不如把精力投在自身发展上。做到这些,就能克服从众心理和攀比心理。

三、开始行动,承认缺憾

无论是对于工作本身,还是工作中设立的工作目标,最关键的都是行动。思想"向后看"、犹犹豫豫,也是职场发展的大忌。很多人都是"晚上想到千条路,早晨起来走老路",所以只要真正开始行动,就已经超过了很大一部分人。当然,果断并不意味着不加思考地盲目行动,而是积极思考之后,选择相对合理的方向出发。

也有很多人因为渴望"完美方案"而迟迟不付诸行动,这也是一大误区。不可否认,"完美方案"是人人都希望达到的目标,但是从现实出发,我们要对"完美"有着理性认识。没有一份工作方案是完美的,但是我们可以持续改进真实不完美的方案,所以要克服完美主义心理,尽快行动!

况且,职场新人本身就是要在实践中成长和锻炼。就像毕俊营,虽然想把方案做得尽善尽美,但是耽误了工作,没有在规定时间内拿出方案,这就需要改正了。丁新成建议毕俊营放下"完美"的包袱,积极地把自己思考的内容都呈现出来,大家一起讨论,至少可以表达自己的观点,这样成长也更快。

四、终身学习,着眼未来

有些退役军人工作后就盼着早点下班尽情享受生活,一提职业学习就头晕眼花。即使领导安排他参加学习,他也会挑三拣四,拈轻怕重,要么不愿学,要么不会学。比如,学技术嫌弃前期苦脏累,经常被骂,报酬也少;学销售,哪里受得了那窝囊气;学会计,又说学不会专业知识,每天计算数字太枯燥;学人事管理,工资太低了,工人们吵架,也没办法解决。

这种态度非常不利于职业适应。其原因也是众人皆知的:现代社会竞争激烈,技术革新层出不穷,环境与职业不断变化发展。为了让个人职业更加成功,必须"活到老、学到老",也就是要树立终身学习的理念,养成终身学习的习惯,形成贯穿人生发展、可持续的学习过程。说到底,就是要通过更新知识,保持对外界的应变能力。

不断自我更新、学以致用,是职场人士必不可少的思维模式。从这种思维模式出发,可以超越"金钱至上"的功利主义观念,因为持续发展才是硬道理,眼前利益毕竟是短暂的,所以关注点能够从获得外部利益转为自身驱动个体成长。同时,这种思维模式由于不断吸收新的知识,不断看到自身的局限性,所以还能够纠正盲目自大心理。

对于毕俊营来说,如果把设定职业目标的视角放在三年后,那么目前工作开端遇到的暂时困难终将过去。只要不断学习,不断超越,其个人职业发展的前途仍然是非常光明的。

五、有效抗压,告别焦虑

无须讳言,压力甚至是巨大的压力,是当前激烈竞争环境中无处不在的客观存在。无法适应压力,也成为一个目前普遍的职场适应问题。

斯蒂芬·罗宾斯认为压力是这样产生的:个体面临着自己重视和渴望的机遇、要求或资源,但对于自己是否能够获得或满足无法确定。可见,压力的真正原因是"想要但不知道,或者担心能否要得到"。

每当提到压力,大家通常想到的是压力带来的负面影响,比如,压力有可能使人血压升高,心跳加快,无法正常讲话和思考。但压力的影响并不完全是负面的。当面临压力时,人的下丘脑、垂体、肾上腺会释放激素。此时人会心跳加速,呼吸急促,肌肉处于紧张状态,以便身体随时做出行动。有些人如运动员或者舞台剧演员,在"紧急关头"常常会有更佳的表现。这些人能够将压力转化为动力,发挥出自己的最高水平。同样,许多专业人士将巨大的工作量和截止日期看作积极的挑战,因为这可以提高他们的工作质量以及从工作中获得的满足感。

斯蒂芬·罗宾斯还发现,压力与工作绩效的关系如图2-4所示,其表明中低水平的压力

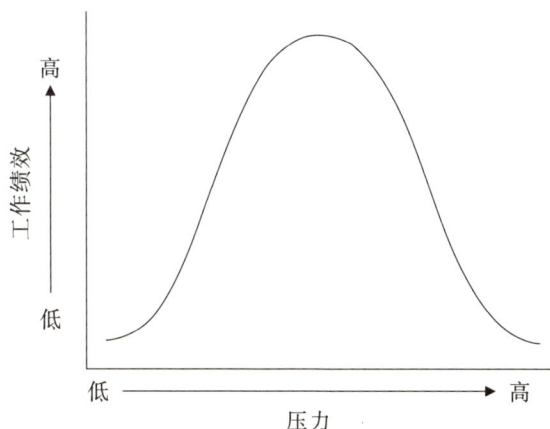

图2-4 压力和工作绩效之间的倒U曲线关系

能够让员工的工作做得更好。但是当员工无法达到组织要求时,过高的压力会使员工的工作绩效降低。

当感觉到工作压力较大时,首先可以通过竞技运动来舒缓。比如毕俊营喜欢打篮球,口号是:"没有什么烦恼是打一场篮球解决不了的。如果有,那就来两场!"竞技运动能够让参与者在一段时间内完全忘记焦虑,减压效果可谓立竿见影。也可以通过非竞技运动,如慢跑、散步、有氧健身等体育活动,增加自己的肺活量,从而减少与工作有关的压力。

其次,可以进行一些文艺活动,如唱歌、跳舞等,通过转移注意力的方式帮助个人减压。

再次,可以通过社会交往缓解压力,比如,可以及时与前辈交流倾诉,与战友们定期见面,互相释放负面情绪。也可与家人等聊天,或者共同参加社交活动等,让自己的压力找到释放的出口。必要的时候也可以求助专业的心理医生进行心理疏导。

最后,如果条件允许,也可以通过冥想、深呼吸、深度睡眠等特定方法让自己深度放松,使自己感到平静,从而达到减少压力的目的。

毕俊营目前所感觉到的工作任务与自己能力之间的差异,对他来说已经形成了较大压力,可以尝试上述方式,看看哪种最能够帮助自己纾解应对,以后就可以主要采用这种方法,从而游刃有余地应对压力。

六、提升情商,保持主动

前面毕俊营提到的苦恼之一,就是认为自己的班长总是针对自己。其实班长未必有那么狭隘,毕俊营完全可以通过提高情商,改善这种被动局面。

情商主要反映一个人感受、理解、运用、表达、控制和调节自己情感的能力,以及处理自己与他人之间情感关系的能力。情商反映个体把握与处理情感问题的能力,通过影响人的兴趣、意志、毅力,加强或弱化认识事物的驱动力。情商较高的人,通常有较健康的情绪,有较完整的婚姻和家庭,有良好的人际关系,以及有较高的领导管理能力。

如何提升情商呢?主要有以下四种方法。

1. 培养共情能力

人都会有各种各样的情绪,能够识别他人的情绪,并有效地理解他人的所需所想,就是共情能力,或者换位思考的能力。这种能力能够帮助自己站在对方的立场去想、去看,进而知道自己该做些什么,从而满足对方的期望,建立和谐的关系。比如,毕俊营应该多从班长的角度看问题,多与班长及其他同事沟通,理解他们对自己的期望,尽快融入团队。

2. 坚定自我负责精神

要求自己做任何事情的时候，都要清楚自己才是自己的主人，要对自己的行动负责，而不能幻想着"甩锅"。此外，要有自省的意识：每当受情绪左右的时候，停下来想想自己在其中需要负什么责任。放平心态，多反思自己，才能踏踏实实做好工作。

3. 增强灵活性

凡事不要钻牛角尖，多以旁观者的姿态来分析自己所处的环境，在工作要求中找到原则性与灵活性的统一。最好能够按照"任何一个问题都至少有三个解决方案"的原则，提出三个或以上的方案。只有具备足够的灵活性，才能让自己和别人都有合适的选择，更有可能达成一致和共赢。

4. 守住边界

和保家卫国时必须时刻关注国境线一样，任何事情都应当有合理的边界，超过边界就会引起麻烦。在内心深处，应当划定一个边界，比如什么话是别人可以和绝对不可以对自己说的，什么事是别人可以和绝对不可以对自己做的。如果总是划不清心理界限，那么就要提高自己的认知水平。自己守住这个边界，也让别人知道这个边界，大家都在安全的界限之内交往，冲突就会减少很多。

第四节

职业心理适应测评

职业心理适应方面的测评很多，以下问卷是针对职业心理适应能力的，比较适合退役军人。退役军人可以回答这些问题，并根据结果自我评估一下目前自己的心理适应状况，必要时可咨询专业人士获得进一步的帮助。

一、问卷

以下每个问题，如果答案为"是"则得2分，为"无法肯定"则得1分，为"不是"则不得分。

（1）我每到一个新环境总要经过很长一段时间才能适应。

（2）每到一个新地方，我很容易同别人接近。

（3）在陌生人面前，我常无话可说，甚至感到尴尬。

（4）我最喜欢学习新知识或新科学，它给我一种新鲜感，能调动我的积极性。

（5）每到一个新地方，我第一天总是睡不好，就是在家里，只要换一张床，也会失眠。

（6）不管生活条件有多大变化，我也能很快习惯。

（7）越是人多的地方，我越感到紧张。

（8）我的考试或比赛成绩多半不会比平时练习差。

（9）很多人都看着我时，我的心都快跳出来了。

（10）如果对他（她）有不好的看法，你会同他（她）交往吗？

（11）我做事情总是有些不自在。

（12）我很少固执己见，常常乐于采纳别人的观点。

（13）同别人争论时，我常常感到语塞，过后才想起该怎么反驳对方，可惜已经太迟了。

（14）我对生活条件要求不高，即使生活条件很艰苦，我也能过得很愉快。

（15）有时自己明明把课本背得滚瓜烂熟了，可在课堂上背的时候，还是会出差错。

（16）在决定胜负成败的关键时刻，我虽然很紧张，但总能很快地使自己镇定下来。

（17）我不喜欢的东西，不管怎么学也学不会。

（18）在嘈杂混乱的环境里，我仍然能集中精力学习，并且效率较高。

（19）我不喜欢陌生人来家里做客，每逢这种情况，我就有意回避。

（20）我很喜欢参加社交活动，我觉得这是交朋友的好机会。

二、结果分析

回答所有问题后，统计总分。如果总分超过30分，说明本人职业心理适应能力较强；20至29分，说明具有一定的职业心理适应能力；低于19分，说明职业心理适应能力较弱，需要寻找专业咨询进行针对性改善。

参考文献

[1]冯明,陶祁.适应性绩效及其在人力资源管理中的应用[J].北京市计划劳动管理干部学院学报,2005,13(4):19-20.

[2]顾雪英.透析职业心理,通达适业境界[J].教育与职业,2001(10):45-47.

[3]贾晓波.心理适应的本质与机制[J].天津师范大学学报(社会科学版),2001(1):19-23.

[4]斯蒂芬·罗宾斯,蒂莫西·贾奇.组织行为学[M].北京:中国人民大学出版社,2016.

[5]王益富.企业员工职业适应能力:测量及影响机制[D].重庆:西南大学,2014.

[6]张春兴.张氏心理学辞典[M].上海:上海辞书出版社,1992.

[7]庄明科,谢伟.大学生职业素养提升[M].北京:高等教育出版社,2016.

推荐阅读书目

1. 庄明科、谢伟,《大学生职业素养提升》,高等教育出版社,2016年

2. 古典,《跃迁》,中信出版集团,2017年

3. 马华兴、王鹏,《做出好选择》,中国友谊出版公司,2021年

思考与练习

1. 你有针对缓解压力的"独门秘籍"吗? 具体是如何做的呢?

2. 想一想,对于提升情商,你准备做些什么事情。

3. 观察一下身边被公认为"情商高"的人,看看此人说话办事中有哪些是可以借鉴的。

第三章

退役军人职业
环境适应

夜幕渐渐落下,天边的几颗星星在有气无力地眨着眼。毕俊营仰望着浩瀚神秘的夜空,内心十分木然。他进入公司几个月了,但远不如在部队时那般如鱼得水,似乎总是与周边的一切都不搭调,这让他无所适从。

一阵微风袭来,他稍微回过神来,想到了老地方、老办法。给丁新成语音留言之后,他舒了一口气,径直向熙熙攘攘的夜市跑去。

"老板,来十根烤串和一盘小龙虾,再上五瓶啤酒。"他对着夜市小店老板说道。随着啤酒瓶盖"啪啪"落地的声音,和清凉的啤酒灌入口中,他觉得从前那个叱咤风云的小伙又"满格复活"了。

忽闻一声"你还是这么生猛啊",原来是丁新成来了,他从后面拍了下毕俊营的肩膀道:"一个人喝,闷不闷啊? 遇上啥事啦?"

毕俊营差点把泡沫喷出来,忙不迭地一把抓住他的手诉说道:"哥啊,救星啊,你可算来了! 我上班几个月了,但总感觉哪哪都不对劲,自己说话办事也好,其他人的行为举止也好,都和部队完全不一样。要说我在部队中也是排头兵,也没少受嘉奖,现在的工作也算对口,但是感觉就像脚上长了鸡眼,时不时地刺痛一下。所以啊,我每天上班也提不起劲来,哪像在部队一训练一整天都不带累的! 手脚也好像不听使唤了,走路都跳机器舞,吃面都会手抽筋。"他边说边模仿了一个机器人的动作。

丁新成笑了:"你现在还会Rap啦! 其实你这情况啊,跟我刚退役进入公司时一模一样。"看着毕俊营两只眼睛瞪得像健身房里的最大号杠铃,他连忙解释道:"你这就是典型的不适应工作环境……"

第一节

概述

一、职业环境

职业环境是指能够对员工所从事的职业产生影响的外界因素。一般将职业环境分为两大类:广义的职业环境和狭义的职业环境,抑或是宏观职业环境和微观职业环境。广义的/宏观职业环境包括一个国家或地区的政治环境、经济环境、文化环境等宏观因素,在本书第一章中已进行了详细介绍与分析,在此不再赘述。

本章探讨的职业环境主要是指组织中影响员工职业发展的具体环境因素,如实际工作单位中的工作条件、基础设施等外在物理环境,也包括职业场景中的人际关系、团队协作、管理风格、组织结构安排等内在文化和制度环境。外在物理环境是职业环境的基础硬件,内在文化和制度环境是附加软件,决定了职业发展所能达到的具体目标。无论是外在环境,还是内在环境,二者在整个职业发展过程中都发挥了重要作用。

二、职业环境适应

任何职业和任何从事职业的人,都不能完全独立于环境而存在。如何适应不同的环境及其变化,以实现自身更好的生存和发展,尤其是取得职业成功,是每个职场人士都不得不面对的一个问题。

1. 职业环境适应的重要性

北上觅食的棕熊为了适应白雪皑皑、严寒刺骨的极地,长出了白色的皮毛和厚厚的脂肪层。在草木茂盛的热带草原沙漠化时,无数的动植物因此而灭绝,但是骆驼长出了宽而厚的驼掌和驼峰,仙人掌长出了细短的叶刺、厚厚的茎以及庞大的根系,使得它们在干枯的沙漠中得以生存和繁盛。无数事实都在证明一个颠扑不破的真理——在不断变化的环境中,适者生存。

凡是过往,皆为序章。对退役军人而言,从军营走向社会,从军人变成职场中的普通社会成员,环境变了,生存的规则也随之发生了变化。因为家庭环境、教育经历、兴趣爱好的影响,退役军人已经形成了自己对企业管理方式、工作方法等方面的判断。如果不认同企业的实际状况,不愿意把握当下,不能克服生理和心理障碍并主动调整自身以适应不断变化的职业环境,那么就会从内心和行为上消极怠工,甚至直接对抗。无论哪种方式,最终受害者都是自己。

现实中,由于无法快速地融入职业环境,而感到沮丧、难过甚至把时间浪费在责怪他人、抱怨环境上的人比比皆是。最可怕也最可悲的是形成"受害者心态"。这种人整天像祥林嫂一样向别人诉苦,觉得处处不如意,充满各种负能量,习惯性抱怨与质疑——老天就是对自己不公,身边没个好人,比如:

职场中,老板多无情,成天压榨自己;同事多"鸡贼",都排挤自己;

家庭中,觉得自己是纯洁的小白兔,所有的问题都是原生家庭不好而产生的;

社交时,听不进他人的中肯建议,觉得别人不尊重自己……

有受害者心态的人,他们的最终结果会怎样呢?畅销书《影响力》中说:没人喜欢和失败者为伍。因为他们总是把别人当成情绪的垃圾桶,渐渐地,有点水平或真心的人不敢跟其相处,所以他们听不到有益自己的靠谱真话;能留下来的多半是打算占便宜之人,毕竟苍蝇最喜欢有缝的臭鸡蛋。

作为职场新人的退役军人,如果也经常处于这种沮丧的压抑状态,而得不到正确的疏导的话,很可能会影响身心健康,甚至导致抑郁。而这归根结底,还是在于对不断变化的职业环境缺乏适应能力。

2. 职业环境适应的标志

适应的本质即个体反映出良好的心理和生理健康水平,职业环境适应则是员工在职场中体现出健康的状态(所谓健康是躯体和精神上的一种稳定、充满活力的状态),最终体现在对职业物理环境、单位制度以及单位文化的适应。

其一,职业物理环境适应的标志在于尊重并融入当地的习俗、居住与饮食环境。比如,对办公环境感到满意,能够保持相对愉悦舒适的精神状态,开启一天的工作。

其二,单位制度适应的标志是了解并遵守单位的明文规章,以及组织中成员共同遵守的一些不成文的规定,与组织制度安排保持协调一致。

其三,由于职业文化更加内隐,职场新人适应组织文化的标志在于在组织日常工作中,与身边的同事能够相处融洽,并发自内心地认同组织的信念和价值观的状态。

职场新人不管面对什么样的职业环境变化,都要发挥主观能动性,主动预测、感知和回应职业环境的变化,通过不断地调整自身,与物理环境、制度环境和文化环境保持协调和动态平衡,实现人、职业及职业环境三者有效匹配。

必须要强调的是,即使很多时候职场新人可能无法选择与自身匹配的理想环境,也可以选择提高自身的环境适应能力,从改变自身做起去适应不断变化的职业环境,适应之后再逐步能动地改造所处的职业环境。

事实上,职场环境是复杂又多元化的,对任何一个职场人来说,职业环境都是有好的一面和坏的一面的。所谓"坏的一面",很多时候也未必是真的"坏",而是由于缺乏沟通和了解,或性格和专业技能差异或者胸襟与眼界不同等导致的误解。对此最好是寻找一位对于适应这种环境有丰富的经验且取得了较大成就的前辈,将其作为自己学习的榜样。职场新人跟随榜样进步之后,就能实现"好坏通吃"——既能够从职业环境好的一面中汲取职业资源,例如人际关系资源、专业技能资源,改善与领导、同事间的关系,提升自身的专业能力;也能正确看待坏的一面,先从自身找原因,接受自己不能改变的,改变自己能够改变的,真正适应所处的不断变化的职业环境。

3. 职业环境适应的原则

《行为设计学:零成本改变》一书记录了美国心理学家做的一个爆米花实验——在电影院环境中,研究什么因素能影响观众的食欲。他们选定了多种因素:

（1）在不同州的不同电影院播放不同的电影。

（2）提供新鲜的和不新鲜的爆米花。

（3）提供不同口味的爆米花：咖啡的、原味的、奶油的等。

（4）根据容量来分：大桶和小桶。

最后的结果令人吃惊：吃得多少，只和爆米花桶的大小有关，其他因素一概不重要。也就是说，选大桶的观众，比选小桶的多吃50%。

心理学家询问受试者："拿到的桶越大，吃得越多，你会同意这个结论吗？"大部分人都很不以为然，回答是"想骗我没那么容易"或者"有没有吃饱，我自己心里有数"。

实际的结论是：环境是在不知不觉中改变我们的，只要在电影院，手拿爆米花桶，那大概率会把爆米花吃光。

因此，职业环境适应的原则是要学会主动选择能够帮助自己实现目标的环境，并积极适应这种环境。比如，要锻炼身体，就去找各种团体——跑团、骑行团运动俱乐部，和小伙伴们在线上线下相处，有高手引领，有新人带来激情，实现多赢；要考学，就要争取去好学校——好的老师、好的同学及过去无数的成功经验，这三要素会把渴望刻在你的身体里。

第二节

常见职业环境适应问题

长期在部队中磨炼，在退役之后过几个月相对轻松的休闲生活，然后突然置身于职场"昼出耘田夜绩麻"的无尽忙碌中，这让很多退役军人很难从轻松自由、无拘无束的状态迅速转换到充满竞争、制度化和高强度的职业状态，并且往往表现出缺乏严于律己和吃苦耐劳的职业精神。

一、问题表现

1. 职业物理环境不适应

新人进入职场最容易遭遇的就是职业物理环境不适应的情况。根据对376名退役军人的调查数据，适应得比较好的人与适应得非常好的人合起来超过半数，分别占到样本的40%和11%。然而，仍有人表现出完全不适应，占总样本的9%。有个别情况不适应的多达151人，在总样本所占比例最高，达到40%。因此，职业物理环境不适应是普遍而非个别现象。具体数据如图3-1所示。

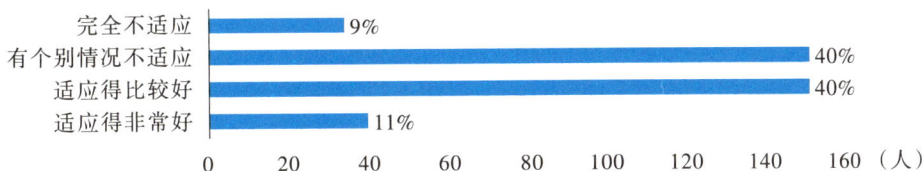

图 3-1 退役后进入职场头三年职业物理环境适应情况总结

"橘生淮南则为橘,生于淮北则为枳",外界的物理环境对于生存的重要性可见一斑。离开部队进入职场,大到单位所在地的气候以及居住和饮食习惯等,小到办公场所的温度、通风条件,办公用品的颜色品种、陈放摆设等,对职场新人而言一切都是陌生的环境。

此外,办公环境是长期在室外还是室内,工作环境的恶劣程度都会影响到职场新人的适应情况,如有些化学原材料工厂存在腐蚀性、挥发性强的物质,容易让人产生心理和生理上的不适应等。

2. 职业文化环境不适应

进入职场之后,适应单位领导风格、竞争压力等单位文化对于职场新人,尤其是退役军人同样重要。根据对 376 名浙江退役军人的调查数据,刚进入职场时,退役军人对职业文化环境的不适应现象比较普遍。大约只有 30 人能完全适应职业文化环境,只占到总样本的 8%,而超过半数都存在不适应的情况。有个别情况不适应的有 43%,看似乐观,但很可能"个别情况"会影响到他们的职业状态和职业选择,现实中也不乏因此而选择辞职的退役军人。另外,完全不适应的有 8%,他们的工作状况和效果让人揪心。具体情况如图 3-2 所示。

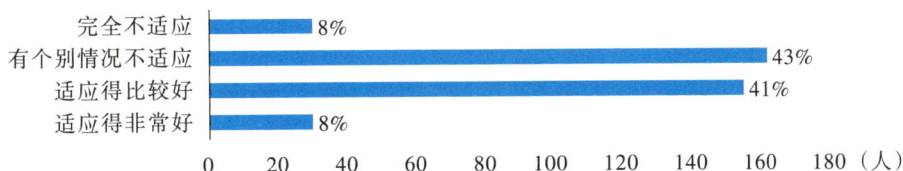

图 3-2 退役后进入职场头三年职业文化环境适应情况总结

"说你行,你就行,不行也行;说你不行,就不行,行也不行。"这句话多年来广为流传,说的是传统职业评价方式的弱点,以及某些职场人士的烦恼。职场新人经常感到困惑的现象是"行也不行",就是自己感觉做得很好,但领导和同事对自己的评价并不高。

究其原因,与职场新人能否融入所在单位文化密切相关。不只是正常工作,沟通方式等方面,也是单位文化的一部分,甚至是重要组成部分。不同组织的信念和价值观都是有所差异的,并且每个人对职业价值的定义、人才的看法以及提拔的标准也各有不同。例如,很多大型互联网企业信奉早上 9 点上班、晚 9 点下班、一周工作 6 天的"996"加班文化;

有的公司推行亲员工的情感型企业文化,更加重视家庭氛围感,通过充分的授权和放权来激发员工作为企业主人翁的自豪感和凝聚力。

退役军人必须做好思想准备的是,绝大多数单位的信念、价值观和评价标准等方面,和部队存在较大差异,必须根据所在单位的具体情况,重新定位自己,以便匹配任职企业的信念和价值观,避免个人与组织底层的价值观不匹配而产生文化环境不适应问题。

3. 职业制度环境不适应

职场新人对职业制度环境不适应也是常见现象,主要表现为对所在单位绩效考核、薪酬管理等规章制度的不适应。好在退役军人在这方面有明显优势,原因在于部队严格管理制度的训练。

根据对376名浙江退役军人的调查数据,与物理和文化环境相比,适应制度环境的人相对较多,其中适应得比较好以及非常好的人合计占比55%。不过,值得注意的是完全不适应的多达35人,在总样本中占到9%。而制度是刚性的,不适应制度往往意味着自己碰壁。具体数据如图3-3所示。

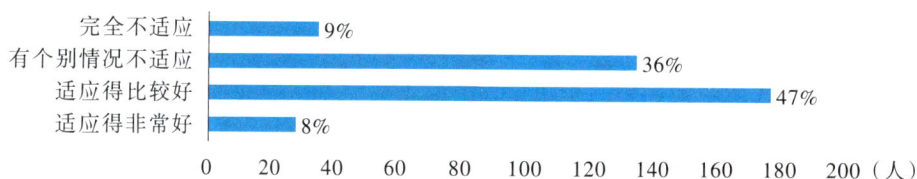

图3-3 退役后进入职场头三年职业制度环境适应情况总结

从部队到地方,从金戈铁马的国家守卫者到坚守岗位的国家建设者,不同的社会角色有着不同的社会期望,相应地也要遵守不同的规章制度。不同于部队令行禁止、言简意赅的制度,地方单位的制度往往是复杂、系统的,要求职场新人积极主动地适应,而不可能寄希望于制度是为自己"量身定制"的。如果退役军人不及时、快速地学习所在单位的规章制度,并以其作为行动准则,那不仅会对制度环境产生不适应,还会受到制度的惩罚,甚至破坏自己的职业生涯。

另外,职场中还有许多不成文,但是需要企业员工共同遵守的一些规则,退役军人也要快速领会和学习,否则就会有"一不小心就掉进坑里"的烦恼。

二、问题成因

虽然职场生态和军营生活在物质环境、文化环境和制度环境等方面都存在较大差别,但值得深思的是:为什么有的退役军人初入职场就能如鱼得水,很快适应职业环境,有的退役军人却惨遭"淮橘为枳",难以适应职场生活?其中的原因可从主观和客观两个方面分析。

1. 主观原因

当人们长期习惯在某一环境下活动,突然换一种环境时就会感到不适应,其原因在于自身原有的习惯与新环境之间难以匹配。按照时间顺序来看,不同阶段的原因如下:

很多退役军人在入伍前没有工作经验,对职场的了解仅仅来源于电视、电影,或是亲友口中的谈论,这类了解大多是片面的、有一定主观美化的,没有全面展现真实的职场生活,也缺乏个人实际体验。退役军人在刚刚进入职场时,不免因为环境的陌生、处世方式的不同而感觉不适,觉得自己在新集体中格格不入。

他们在择业时,一味追求所谓"高大上"的工作,没有选择自身真正适合的、喜爱的职业,在费尽千辛万苦拿到入职通知后,才发现工作性质和个人性格、喜好都不甚相符,然后在与环境的不断磨合中逐渐失去耐心和积极性,影响工作绩效,进而被组织边缘化,无法顺利延续职业道路。

初入职场时,难以客观全面地了解职业环境,做出适合自身的正确判断。因此,可能会面临工作方式、办公环境、薪资待遇及职业发展前景方面的落差,导致对职业环境的不适应。

2. 客观原因

生理上的不适应往往与外在的环境关系密切。例如,奉行"996工作制"的企业,尽管薪资水平可能是可观的,但员工通常需要从事高强度、长时间的工作,生活方式和生活节奏与原有状态可能差距较大,容易引起职场新人生理上的不适应,如失眠、头痛及精神不振等。

有些退役军人可能要从事一些特殊的工作,例如化学制品、高空作业工作,长期处在比较复杂且危险的环境,又可能缺乏像部队那样严格的保护措施,造成他们在生理上很难适应。另外,也有的单位利用了职场新人与单位之间的信息不对称,招聘时夸大单位积极的一面,弱化甚至是掩盖消极的一面,因而造成退役军人对于职业环境的不理想缺乏思想、物质等方面的准备,在职场初期难以适应。

第三节
职业环境适应方法

离开部队来到地方,排除万难进入职场,退役军人自然是希望如同在军营中那般跃马驰骋,然而又有多少人能够"快马加鞭,一日千里"呢?如果不适应职业环境,则会常常不知不觉地做出一系列的错误选择,最终浪费心力、蹉跎年华,给自己带来诸多不良后果。为了避免这种悲剧,退役军人必须深入了解并熟练掌握职业环境适应方法。

职业环境适应要求职场人士与组织环境积极互动,加强自身对单位环境及其变化的认知,不断调整自身的生理和心理状态,以适应职业发展的现实需要,实现"人—职业—环境"有效匹配。具体而言,需要职场人士将自身的特征与单位的物理环境、文化环境和制度环境的因素变化保持协调与动态的平衡。其构成如图3-4所示。

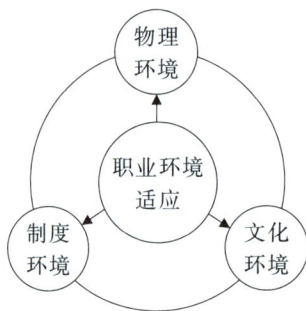

图3-4 职业环境适应结构图

可以运用心理指导和教育援助手段,帮助退役军人在短时间内实现再社会化,适应职业环境。退役军人应当发挥更大的主观能动性,迅速适应职业环境。

本章将详细阐述退役军人如何在单位的物理环境、制度环境及文化环境三个方面,快速适应职业环境及其变化的方法,帮助退役军人成为优秀的职场人士。

一、物理环境适应

职场新人最容易直接感知到的职业环境就是组织外在的物理环境。这一般来说都会涉及两个方面:工作单位所在地区的气候、习俗等,以及单位的工作环境和工作条件等。

这些物理环境因素通常是难以改变的。因此,退役军人要想在从事的职业领域获得进一步发展,最适宜的方法,也可能是唯一的方法,就是能动适应物理环境——一方面积极改变自己所能够改变的,另一方面接纳难以改变的,而不是一味地否定和抵抗。比如,对于办公环境的温度和湿度、办公室开放与封闭,以及相关的便利设施和基础设施首先应该考虑的是去适应,而不是急于去改变。

俗话说:"到什么山,唱什么歌。"物理环境的变化通常是最容易适应的。尊重并学习当地的风土人情等,可以快速融入当地的生活与工作。例如,可以参加同城老乡群,结交在当地工作生活的家乡人,学习他们融入当地的经验。

即使物理环境恶劣,也可以发扬"只要思想不滑坡,办法总比困难多"的精神,想办法解决问题。比如,通过购买家乡的食物,缓解对家乡的思念,并通过将其分享给同事、朋友,快速融入集体。

典型的例子是退役军人小吴,他长期生活在浙江,当兵是在福建。虽然入职了绍兴某设备公司,但被派驻到西安办事处常驻。开始的三个月,他完全不适应那里干旱少雨、风沙大的气候,每天嘴唇都会干燥皲裂,业务不顺利时更是满嘴血泡。"雪上加霜"的是,饮食口味方面差异也很大,办事处小食堂准备的主要是面食,当地同事吃得满嘴流油,连呼"真香",他只能到处寻觅家乡菜馆充饥……

度日如年的他正准备辞职,在和一位在甘肃当兵的老乡聊天诉苦时,对方直接让他到甘肃来体验生活,说是部队每天喝水都是定量供应的,又建议他多网购食品和原材料,"自己动手,丰衣足食"。茅塞顿开的他立即打开手机,买来各种食材,还跟着视频学会了很多简单美味的浙江家常菜。现在,他不但自己完全适应了当地生活,业务做得风生水起,还兼职做起了家乡美食和旅游的带货,因为很多同事和当地朋友被他的手艺折服了,纷纷成为他的"粉丝"。

二、制度环境适应

作为职场新人的退役军人,既然没有新兵营的训练期,要想快速适应单位的制度安排,首先就得多听多看。比如时常翻阅单位内部的规章制度文件及其相关资料,尽量避免或少犯低级错误。也要调动自身的主观能动性,积极向同事们请教和与他们沟通,以了解企业约定俗成的一些规则。

其次,千万不要妄加评论单位的制度和规定。任何一个组织的制度安排都不可能是尽善尽美的,一定会存在不合理的地方。即使职场新人看到了很多不合理之处,也不应该急于质疑,而是应该先做好分内之事。实际上,地方单位与部队的制度安排存在较大差异。比如,对于大多数企业而言,制度是首先为股东利益最大化目标服务的,必然对经济利益考虑得多些。而且企业的制度安排,势必是一个不断妥协的产物,其不合理的地方,也许已经是权衡后的最优选择。

最后,学会让制度帮助自己。对于一个成熟的组织来说,其组织制度安排中有很多利于职业发展的部分。退役军人要学会研究制度如何促进自己成长,比如,按照绩效考核来改善自己的工作效果,根据薪酬激励机制来提高自己的收入。通过不断的学习和实践,退役军人个人发展目标与单位的制度安排才能保持协调一致,从而实现个人和单位的双赢。

毕俊营刚刚进入职场时也是满头雾水,脱离了按部就班的军旅生涯,对于处处设置条条框框的公司制度号不准脉。什么准时打卡、什么绩效考核、什么责任追究,每一条对于毕俊营来说都是完全陌生的新规。他在丁新成的指点之下开始仔细研读公司的规章制度,小到着装要求,大到红线规定,一点一点记到脑海中,逐条吃透,不盲目抗拒,并且学会了按照提拔标准做好自己的职业规划和相应准备。半年之后,他成功入选单位新员工骨干培养计划的名单,比其他新人快了半年。

三、文化环境适应

任何单位的文化,都是单位在长期学习和处理外部适应和内部管理问题时归纳、总结而发展起来的,由群体所统一共享的信念和价值观,指导着其中成员的思维方式和行为方式。也就是说,单位内部员工对什么是错、什么是对有着基本统一的认识。

单位文化通常由显性和隐性文化两部分构成。它存在于日常工作的各个方面,大到整个公司的战略计划、经营理念,小到日常工作的汇报模式、交流方式,但是又内隐在业务运作的过程中,很难直接接触到。

单位文化的结构,与帕米拉·路易斯等人提出的企业文化类似,可以用冰山图表示,如图3-5所示。浮出水面可以看得见的是员工参与单位运转的具体行为,通常易于关联。而隐藏在水面之下不易察觉的信念、行为标准与核心价值观则是支撑员工具体行为的隐性文化。因此,对单位文化的适应不能只停留于冰山表面,而是要在日常工作中学习、了解组织的基础之上,用心去体会隐藏在冰山之下的单位的信念、行为标准和核心价值观。

图3-5 企业文化冰山图

对于企业文化的适应向来都不是一蹴而就的。与部队中崇尚阳刚勇敢的相对单一文化不同,单位职场中往往具有复杂多元的评价标准,以及多种并存的管理方式。已经习惯军营中简单纯朴之风的退役军人,来到新单位,对于这种看不见摸不着但对于每个人的一言一行都会产生影响的单位文化,自然难以很快适应,甚至或多或少会产生抵触和反感心理。

退役军人投身新单位、新岗位,想要尽快适应文化,第一,要在做中学。从了解自己的岗位工作如何运作入手,仔细观察并积极学习其他同事如何思考及行动等一整套行之有效的重复行为模式,学会深入领会领导的意图,用心体会隐藏在行为模式背后的价值观,在此基础上去了解和适应企业的文化。

第二,要在错中学。无论是实现单位、部门的年度目标,还是完成领导日常安排的工作任务,退役军人开始做事时难免都会犯下大大小小的错误,触碰到各种单位文化的"雷区"。这是正常现象,领导和其他同事也都能理解。尤其需要注意的是,不仅要聆听领导说了什么,还要听领导没说什么。重要的是在错误中,尤其是在批评和提醒中,反思和总结经验教训,避免在同一个地方不断摔倒。

毕俊营在部队时日复一日进行户外训练,重入职场后突然终日坐在教室里参加培训,听着同事们侃侃而谈,总觉得有点矫揉造作。虽然偶尔有实际检修操作,但仍然觉得"不得劲"。经过丁新成的耐心开导,毕俊营逐渐开始接受这种不那么"阳刚"的单位文化,不但积极学习办公软件操作,而且也和同事聊些体育和八卦、分享些趣事,加入了同事们日常的交友圈,感觉工作也没有那么累了,身心都得到了极大的放松。

第四节
职业环境适应力测评

退役军人了解职业环境的含义和适应方法之后,自然会产生新的疑问:本人的职业环境适应能力怎么样? 如何判断自身是否适应了职业环境? 本节提供的测评题目,可以帮助大家了解自身对环境适应的水平。

一、问卷

请仔细阅读以下问题,并在下列 A、B、C、D、E 五个选项中,选出一个你认为最符合自身情况的答案,相关问题如下:

(1)我非常喜欢(适应)现在的工作环境(条件)

　　A. 非常符合　　B. 符合　　C. 不一定　　D. 不符合　　E. 非常不符合

(2)我对目前工作的感受是工作量大,节奏快,让我身心疲惫

　　A. 非常符合　　B. 符合　　C. 不一定　　D. 不符合　　E. 非常不符合

(3)我所在工作单位给予我们很多人文关怀

　　A. 非常符合　　B. 符合　　C. 不一定　　D. 不符合　　E. 非常不符合

(4)我所在工作单位有着非常健全的激励机制

　　A. 非常符合　　B. 符合　　C. 不一定　　D. 不符合　　E. 非常不符合

（5）我所在工作单位的薪酬体系极具竞争力

　　A. 非常符合　　B. 符合　　C. 不一定　　D. 不符合　　E. 非常不符合

（6）我很难在工作中发挥出我的专长

　　A. 非常符合　　B. 符合　　C. 不一定　　D. 不符合　　E. 非常不符合

（7）我所在工作单位提供了职业发展空间

　　A. 非常符合　　B. 符合　　C. 不一定　　D. 不符合　　E. 非常不符合

（8）我经常有换工作的想法

　　A. 非常符合　　B. 符合　　C. 不一定　　D. 不符合　　E. 非常不符合

（9）我与我所在单位领导相处融洽

　　A. 非常符合　　B. 符合　　C. 不一定　　D. 不符合　　E. 非常不符合

二、结果分析

计分标准如下：第（1）（3）（4）（5）（7）（9）题的选项从 A 到 E 计分 1—5 分；第（2）（6）（8）题的选项则相反，从 E 到 A 计分 1—5 分。

累计得分越高，则表明环境适应能力越高，越适应本单位的职业环境。通常情况下，得分超过 23 分，说明已经具有一定的适应能力，基本适应了当下的职业环境。如果得分低于 23 分，就要找出得分较少之处，分析是否属于自己的短板，并有针对性地予以提高。

参 考 文 献

[1]曹叔亮.论职业素质、职业能力与职业环境及其辩证关系[J].广州职业教育论坛,2012,11(4):4-7.

[2]陈春华,曹洲涛.企业文化[M].2版.北京:机械工业出版社,2013.

[3]潘玉英.探讨企业文化与企业管理制度的有效融合[J].现代商业,2018(1):121-122.

[4]王小丹,范庆瑜.优化高校辅导员微观职业环境的途径分析[J].西部素质教育,2017,3(5):252-254.

[5]周健临.管理学教程[M].上海:上海财经大学出版社,2011.

[6]朱惠.人格、职业环境与工作满意度:基于匹配视角的实证研究[D].合肥:中国科学技术大学,2020.

[7]邹霞,李继富.论职业生涯规划在提升大学生就业竞争力中的作用及其实现途径[J].重庆理工大学学报(社会科学),2014,28(7):150-152.

推荐阅读书目

1. 田先,《要么适应公司,要么离开公司》,鹭江出版社,2012 年
2. 姚裕群、曹大友,《职业生涯管理》(第四版),东北财经大学出版社,2018 年
3. 葛海平、张少岩,《资深猎头 30 年职业生涯精进笔记》,中国商业出版社,2020 年

思考与练习

1. 回顾一下你的职业环境不适应主要表现在哪些方面。列出你目前遇到的主要问题。

2. 从物理环境、制度环境和文化环境三个方面分析,分别找到一个适应得很好的人(最好是退役军人),以此人为榜样,看看有哪些值得学习之处。

3. 你所在单位有哪些隐性文化? 自己是否因此吃过苦头? 后来是怎么学会预防的?

第四章

退役军人职业
人际关系适应

　　毕俊营入职快半年了,他发挥了当侦察兵的余热,很快就对公司的周边环境熟悉得七七八八了,连公司楼下哪家早餐既好吃又实惠,哪家便利店几点打折、何时上新货都摸得门清。不过,他和同事们的相处仍然差点火候。比如,在公司食堂碰见同事,虽然同事挺熟络地来凑桌,但结果都是他们聊得热火朝天,自己只能在旁边扯着嘴角干笑,能刷一下存在感的也就是给他们看看手机里热门的短视频,经常尴尬得能用脚趾在地上抠出一套三室两厅来。

　　毕俊营连续几天都在琢磨这事。在部队里他绝对是个红人,走哪都能碰见三五个兄弟海阔天空地聊上一通;退役后回来,和老朋友们下了班没事组团去搞点小酒,周末假日还组织大家一起去周边农家乐搞团建,打卡网红景点,号称颜值和气氛的双重担当。可见这事不是他性格不合群造成的。

　　他也开始犯愁:这公司是大型国企,有近三千名员工,讲义气、好说话的他,怎么找不到铁哥们? 以后可怎么待啊?

　　晚上一下班,他就在家刷了半天 B 站、贴吧、知乎,每个大 V 都说得头头是道,让他更是云里雾里地不知道个所以然。正在沙发上"找北"呢,丁新成约他出去吃夜宵,真是瞌睡碰上枕头!

　　来到饭店,丁新成看他垮着个脸,知道必有蹊跷,就问怎么回事。毕俊营扭扭捏捏老半天,才说了个大概,最后加了一句:"我进公司也好几个月了,和同事们虽然表面热情客气,但总觉得屋里屋外地隔着一道门,连个能一起开心'恰饭'的人都没有,经常孤独得像在野外潜伏的侦察兵。"

　　丁新成乐得直拍大腿,也顾不上点菜了:"老弟啊,公司也是个小社会,但这职场人际关系和我们部队根本不是一回事。你得讲点方法技巧,且听老哥给你说道说道……"

第一节

概述

　　退役军人进入职场后,需要根据职场环境重新构建职业人际关系的过程,就是职业人际关系适应。

一、职业人际关系理论

人际关系研究始自20世纪60年代。起初是国外学者对于人际交往现象的研究,而后逐步演变成对人际交往的理论研究。苏联社会心理学家加琳娜·安德列耶娃、美国社会学家贝尔斯以及乔治·赫伯特·米德对人际交往都有深入的研究,并提出了相应的理论。总体来看,国外学者的研究大多以人在社会中的表现为研究主体,立足人际交往传递和沟通信息的基本功能。20世纪80年代后,我国人际关系的学术研究也逐步推进。与国外人际关系研究不同的是,国内对人际交往的研究更注重内涵和方式。

随着国内外退役军人的数量不断增加、规模不断扩大,退役军人的职业人际关系研究也在不断推进。例如,有些国家通过各种机制介入退役军人的心理培训服务,将人际交往能力提升作为核心教育援助手段,以保障退役军人具备在新岗位工作中与人交流沟通的能力,从而可以快速融入工作环境中。

目前国内退役军人的职业人际关系研究已初步形成体系,主要集中在三个方面:一是社会因素影响方面,聚焦国家政策、人力市场主体;二是心理教育培训方面;三是自身心理障碍因素。三个方面各有侧重,为退役军人的职业人际关系提供了大量的理论及实践支持。

二、职业人际关系适应的重要性

诸多研究已证明,和谐的人际关系有助于个体职场生活质量的提升。职业人际关系和谐度高,从业者可以投入更多的精力去完成工作任务,提升工作质量。著名人际关系学大师卡耐基曾说过:"专业知识在一个人的成功中的作用约占15%,而其余的85%则取决于人际关系。"无数成功的实例证明,能够建立良好的人际关系,善于处理错综复杂的人际关系,都非常有利于职业发展乃至人生发展。

反之,如果职业人际关系维持得并不理想,则会导致个人职业发展受阻,甚至因此中断。美国某项2000人被解雇原因调查显示,人际关系成为职场发展要害,因人际关系问题被解雇者占90%,不称职者仅占10%,可谓是"得人际者得天下,失人际者失天下"。

职业人际关系是最大的社会资本,退役军人要认识到人际关系在职场、社会中的重要作用,懂得构建和维系良好的职业人际关系,以提升人际交往适应能力,提升个人职业竞争力,从而以全面、完善的人际交往能力服务社会职业发展需要。

第二节

常见职业人际关系适应问题

在高速发展的现代社会,退役军人初入职场时,不仅原有的社会关系被打破,新的社会关系亟待建立,而且职场中对于人际关系技能的要求更高,需要做到外圆内方,在坚持原则、守住底线的同时,能够自如地待人处世。因此,退役军人职业人际关系不适应的现象比较普遍。

一、退役军人常见职业人际关系适应问题表现

职业人际关系不适应,一般表现为:在经历明显的职业环境变化时所产生的短期和轻度的烦恼状态以及情绪失调,常有一定程度的行为变化等,但并不出现精神病性症状。

由于中国退役军人群体的不断扩大,相关研究也在不断推进。2015年,中国学者陈雨润就某社区退役军人为对象,以职业人际关系适应为主题进行了全面的调研,结合深度访谈法、参与观察法、调查问卷法的研究方法,总结出退役军人常见的三大职业人际关系适应问题,分别为自我认知问题、情感障碍问题和行为障碍问题。

1. 自我认知问题

退役军人再次进入社会时,往往对于自身认知处于两个极端,带来了较大的人际关系压力。一种是对自身认知过高所带来的压力。在中国,军人的社会地位较高,社会普遍对于军人以生命保卫国家和人民的职责具有崇高的认同感。很多退役军人在部队中表现优异,获得了部队的一致认可。因此,他们在退役后,有的容易产生自我认知过高的情况,具体表现为喜欢出风头、争荣誉,凡事以自我为中心,别人都要听自己的;或者认为自己比别人优秀,对别人的建议意见不屑一顾,与人交往时态度高傲自大。

另一种是对自身认知过低所带来的交际压力。在脱离熟悉的部队环境重新进入略显陌生的社会环境时,很多退役军人会产生安全感缺失的情况,感官会放大情感细节,让退役军人产生"我是不是做错了""我是不是不够好"等过低的认知。具体表现为忽视自身的优势,放大劣势,从而认为自己在各方面都不如别人,害怕与人交往,逐渐陷入自我封闭的状态,久而久之容易产生抑郁等负面情绪。

2. 情感障碍问题

退役军人在职业人际交往适应中,较为常见的还有情感障碍问题。部队纪律严明,行为举止都有严格的标准;讲求团队合作,战友们齐心协力;集中宿舍生活,和战友同吃同

住，一起扛过枪的友谊可谓坚不可摧。在这种环境下培养出的青年士兵，对同僚有极大的信任感和依赖感。

但退役军人进入职场，根据以往的情感角度，很难对新组织和新集体产生熟悉感。在职场中，人际关系往往没有那么密切，同事之间也没有那么深厚的感情基础。同事们在完成任务时会有短暂的交流与合作，彼此的支持也主要出于职责规定，不带有任何"想和你成为好朋友"的想法。有些退役军人自己满腔热情想与同事或业务伙伴加深感情，往往是"热脸贴上了冷屁股"，甚至被人看作"自作多情"。他们逐渐失望地发现，自己找不到在部队时那种生死与共的"老铁"，很多都是塑料式的关系。因此，有些退役军人会觉得职业人际关系冷淡甚至冷漠，也不愿意主动建立职业人际关系。他们无法在短时间内融入职场交际圈，无法进行合适的沟通交流，相对应地会产生孤独感和抑郁感，逐渐形成情感障碍。

3. 行为障碍问题

退役军人在职业人际交往适应中，行为障碍也是较为常见且影响最大的一个问题。比如保持着部队严肃认真、不苟言笑的行为模式，会让人觉得难以接近；不知道如何分辨别人是冒犯还是玩笑，面对语言冒犯也不知道如何婉转地化解；或者年轻气盛，自尊心非常强，使得一些退役军人分不清玩笑和取笑，旁人以为是在开玩笑调节气氛，他们反而上纲上线，引发不愉快，得到"假正经""开不起玩笑"等负面评价。

在对376名退役军人调查的问卷中，面对"当别人在您面前说您好友的坏话时，您会对他的看法做何反应?"问题时，有58%的选择"替好友解释"，另外分别有11%和8%的退役军人选择"直接驳斥"和"默不作声"这类过激或消极的处理办法，处理方式不够成熟。具体数据如图4-1所示。

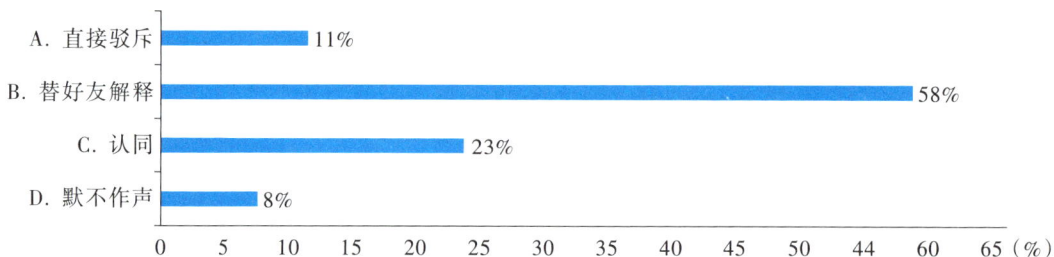

图4-1　退役军人处理人际关系冲突情况

由于部队中对手机等通信工具有一定的使用限制，很多军人退役后发现自己对最新的手机及软件都使用不熟练甚至知之甚少，导致与人交往沟通时出现了"技术障碍"。在对376名退役军人有关"跟自己的好友交往的时候，最喜欢用哪种方式?"问题的调查问卷中，有32%的退役军人选择"聚餐"，只有34%的退役军人选择"社交平台互动"。这种对传统方式的偏爱，与其他人习惯用众多交友软件之间形成了较大的反差。具体数据如图4-2

所示。

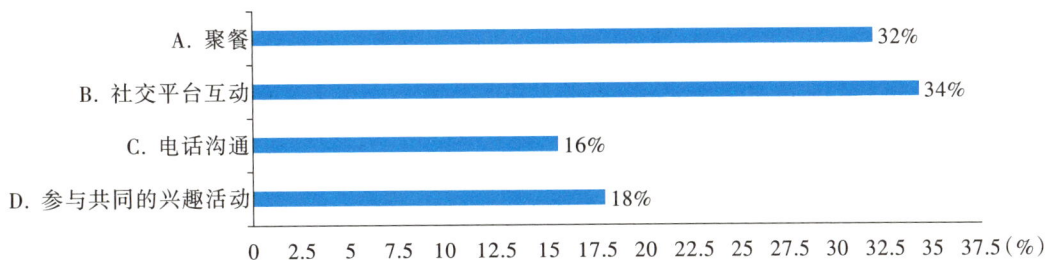

图4-2 退役军人社交方式选择

在对376名退役军人的问卷调查中,"您在选择同事类型的时候,最喜欢下列哪一种?"问题下,选择"客观公平,能公正对待他人""老练圆滑,能从容应对人事""经验丰富,能指出自己的不足"三项的人数较为平均,而选择"比较宽容,能听取他人的意见"的只有8%。这从侧面证明,面对职场时,很多退役军人愿意与经验丰富的职场精英共事,直面自身的问题,也体现了退役军人敢于正视自身,努力提升自我的态度。不过,还有不少退役军人信心不足,更愿意与老练圆滑的前辈多多接触,觉得既可以交流自如,也可以从他人身上学习到处理人际关系的技巧。具体数据如图4-3所示。

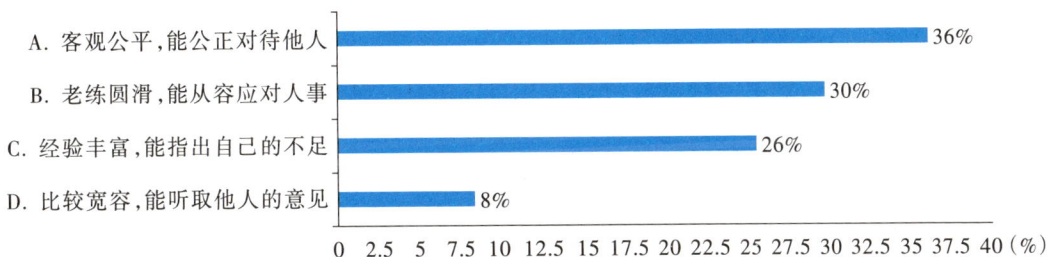

图4-3 退役军人人际关系适应问题调查结果

二、退役军人常见职业人际关系适应问题成因

根据退役军人的实际情况和学术界研究,退役军人职业人际关系适应问题的成因,可分为自身因素和职场环境因素。

1. 自身因素

首先是退役军人所处的时代原因。近年来退役军人群体的主力军属于新生代年轻人。他们出生于中国社会经济转型的时代,成长于改革开放大环境下,具有鲜明的时代特征。学术界以"新生代员工"指代这一时代的职场人,并认为新生代员工具有高度成就导向和自我导向、注重平等和漠视权威、追求工作与生活的平衡等工作价值观特征。他们在职场中以自我为中心、尊重个性及需求，对工作抱有较高的情感期待，崇尚快乐工作、享受生活，期待工作给生活带来新鲜感和多样性。学者根据近十年来权威求职网站专栏报告及国内著名报刊调研报告结果分析，得出了新生代员工人际关系的因素，分别为人际公平、尊重、理解、人际和谐、责任感、忠诚度，以及自我导向、追求自由、个性张扬。

当下的退役军人也多是新生代员工的一部分，他们追求个性需求，在职业人际中也会因此遇到适应阻力。与上级或同事有年龄上的差异，没有共同话题，免不了产生代沟，不利于拉近双方距离；职场前辈对年轻人张扬、自由的行事作风"看不惯"，不愿意多加提携；更有甚者，因为互不认可对方的工作态度而无法合作共事，影响组织的正常工作。

其次是家庭原因。新生代退役军人多是"90后""00后"独生子女，从小受到家庭的严密保护和关爱，可能个性中缺乏换位思考、理解退让等人际交往概念。成年后也没有形成完整的人际交往原则和自我认知心理，导致他们在职场人际关系中也时常以自我为中心，无意识地引发诸多人际关系问题。

2. 职场环境因素

退役军人大多是初次就业，工作能力和工作经验并不丰富，再加上某些人对退役军人群体存在一些偏见，这些职业环境因素造成了对退役军人不够友好的人际关系氛围，无形中也增加了退役军人拉近职场人际距离的难度。

职业环境中的竞争关系非常普遍，而且和职位、薪酬、发展机会等个人利益息息相关，有时会出现几十比一的白热化PK。如果工作单位没有营造良性的竞争氛围，那么竞争对手之间常常变成"你死我活"的人际关系。部分退役军人面对如此激烈的竞争，来自军人的好强和自尊心使得他们愈加看重输赢，害怕失败，出现用力过猛的现象，或者在失败后不知道如何保持平和的心态。

三、退役军人职业人际关系适应问题后果

对于大多数退役军人而言，军人是第一份职业，对个人的职业认知和职业人际关系的态度都有极大的影响。由于部队的封闭性、单一性、规范性，军营中的人际关系相比于社会、职场来说，可以用"简单""直接"两个词语形容。涉世未深的青年在入伍后，以原有的同学间、幼时玩伴间单纯的人际关系思想为基础，习惯了人际关系相对简单、情感交流直接的军队人际关系。到了职场，他们关于职业人际关系的认识和做法也基本成型甚至固化，很难摆脱部队风格的影响，也习惯性地沿用从前的方式。

虽然退役军人希望建立新的职业人际关系，但没有深刻理解部队与社会职业人际关系间的差异，以及职业人际关系的复杂程度，进而造成职业人际关系不适应。比如，无法

很好地与同事进行信息沟通、思想交流、情感表达和协调行为等人际互动,造成职业人际关系僵化,长此以往,不仅不利于自身工作的开展,也容易对自身产生怀疑,认为自己交际能力弱,从而抵触和他人接触,严重时会导致抑郁症等疾病,影响正常生活。

第三节
职业人际关系适应改善方法

不论是初入职场的毕业生,还是有过职场经验的跳槽"社畜",抑或是和毕俊营一样从军营回归社会职场的退役军人,在面对新职场环境时,都需要一定的适应时间。在应届毕业生网站发起的一项调研中,从应届生到有过 5 年以上工作经验的人的基础数据来看,有36% 的人正处于适应期,有超过 40% 的人需要 1—2 个月的时间。在"职场上最难适应的是什么"问题中,选择"人际关系"的人非常多。由此可见,现代职场中人际关系适应困难是非常普遍的现象,退役军人完全不必为职业人际关系的不顺利而感到忧心忡忡。只要找到合适的方法,就能更好地改善人际关系,更快地融入职场。

一、职业人际关系适应四大原则

职场人士应当树立正确的人际关系观念,掌握正确的人际交往技巧,从而全面提升个人职业人际关系适应能力和效果。大量研究和实践总结了适合退役军人的职业人际关系适应四大原则,可以指导具体的适应方法,帮助退役军人进一步改善职业人际关系。如表4-1所示。

表4-1　职业人际关系适应四大原则

尊重–平等原则	尊重人格
	尊重意见
	尊重个性
真诚–信任原则	以诚相待
	相互信任
	保持自信
宽容–接纳原则	悦纳自我
	接纳他人
	学会赞美

续　表

互利-共赢原则	树立共赢品格
	具备成熟胸襟
	拥有富足心态

1. 尊重-平等原则

表4-1列举了职业人际关系适应的四大原则及其对应的十二个要求。其中,第一原则就是尊重-平等原则,也是基础核心原则。尊重-平等原则讲求尊重人格、尊重意见和尊重个性。

尊重人格指的是要尊重他人的自尊心、情感、爱好及风俗习惯等。在职场中,面对不同年龄、不同性别的同事,不能因个人看法或者职位的差异,对同事形成先入为主的不全面评判。要以尊敬的态度平等对待每一位同事,留下良好的个人印象。

尊重意见指的是要学会倾听,接纳与个人不同的想法和意见,不要固执己见。作为职场新人,面对工作难免会遇到意见不一致的情况,或者面对前辈上司也会受到批评指责,等等,很多人会因此大受打击。这就需要学会倾听,保持心态和情绪的稳定。

尊重个性指的是面对职场同事有多种爱好、习惯等特点,在掌控自我个性不过分张扬的同时,也要尊重他人的个性展现,以尊重包容的态度对待。

2. 真诚-信任原则

真诚-信任原则讲求以诚相待、相互信任和保持自信。在任何环境中想要获得他人的认可与尊重,首先就要做好自己,做一个真诚的人。在此基础上,信任他人,进行开诚布公的交流,是维持职业人际关系的重要纽带。

很多退役军人反馈,在复杂的职场环境中,不知道该如何获得他人的信任,也不知道哪些同事可以信任,什么话该说、对谁说、说多少,这个度掌握不到位。针对这个困惑,可以参考刺猬法则:

> 在一个寒冷的冬季,两只困倦的刺猬因为冷而拥抱在了一起,但是无论如何它们都睡不舒服。由于它们各自身上都长满了刺,紧挨在一块就会刺痛对方,两只刺猬就离开了一段距离,可是又实在冷得难以忍受,因此就又抱在了一起。折腾了好几次,最后它们终于找到了一个比较合适的距离,既能够相互取暖又不会被扎。

刺猬法则就是人际交往中的"心理距离效应",在与人交往时要设定一个自我人际交往的底线,判断别人是否有触犯自己的底线的行为,用以区别对方是否值得深入交往。同时也要注意在与他人的交往中,是否有触犯他人的底线的行为,从而找到合适的交往尺度。在职业人际交往的过程中,尤其需要找寻并保持这个刚刚好的距离,双方在互相感到温暖的同时,也不会伤害到对方。

3. 宽容-接纳原则

"海纳百川,有容乃大。"宽容-接纳原则讲求悦纳自我、接纳他人和学会赞美。正所谓"金无足赤,人无完人",要学会换位思考,接纳和包容他人的缺点。

1987年,美国学者亚历山大·德拉博士和奥康纳博士提出了人际交往中的"白金法则",它的核心理念就是:"别人希望你怎么对待他们,你就怎么对待他们。"这个法则与中国文化倡导的"己所不欲,勿施于人"形成了很好的互补。人际交往中的"白金法则",同样适用于职业人际关系。职场中有不同年龄、不同文化背景的人,退役军人作为有特殊职业背景的人群,不能一味地以自我感受为前提,要学会换位思考。可以通过平时的小事情、小细节观察同事,真正地了解他人的喜好,用他们觉得最好的方式对待他们,从而让同事产生好感。但是在使用"白金法则"的同时,也要注意不卑不亢,大方得体,避免一味奉承等。

4. 互利-共赢原则

职场中的竞争随处可见,互利-共赢原则能够帮助职场人士保持良好的人际关系。互利-共赢原则有三个关键点,分别是树立共赢品格、具备成熟胸襟和拥有富足心态。此外,还有一个更加简单易行的小原则——跷跷板互惠原则:

> 一位大学教授做过一个小小的实验。他从一堆素不相识的人的名字中,随机挑选出一些人来,给他们寄去圣诞卡片。他估计可能会有一些回音。但随后发生的一切还是大大出乎他的意料。这些人回赠的节日卡片如雪花似的被寄了回来。大部分给他回赠卡片的人根本就没想过打听一下这个陌生的教授到底是谁,他们收到卡片,自动就回赠了一张。

这个实验真切地证明了跷跷板互惠原则:人与人之间的互动,就如坐跷跷板一样,如果一方一直不愿意付出,一直站在一个索取的高端,不让略低一端的人享受高端带来的快乐和享受,那么这场游戏就会很快结束,带来的结果就是大家会很快地回落到平地上,不再有交流。

互联网经济特别重视生态,也是因为明白:一家公司埋头苦干,完全比不上更多的公司在一起资源置换、共享互助、共生共赢。在职场中,人际关系也离不开目的性和互利性。退役军人具有宽阔的胸襟和将国家利益放在第一位的无私奉献精神,不会过分计较个人得失。如果他们在职场中继续保持这样的格局、心态和胸襟,学会分享和共赢,那么他人也会报以同样的态度和行为,最终建立更为稳固和谐的职业人际关系。

二、职业人际关系的改善方法

职场人际交往的过程,其实就是心理博弈的过程,也是摸索规律、建立规则的过程。总体而言,职场中人际关系可以分为合作关系、权威关系和竞争关系,分别对应职场中同事、上下级和竞争对手三个对象群体。这三种关系有可能同时并存,也有可能分别出现。

如果退役军人能有机结合职业人际关系适应的四大原则和具体的改善方法,就能让自身价值在职业生涯中得到更大的提升。

1. 合作关系改善方法

在职场中,所有的关系都可以看作合作关系,因为参与各方都在为组织发展、创造价值的目标而努力,这是稳定合作的前提。在工作中最多的合作发生在同事之间,因此首要原则就是尊重–平等原则。

为了体现尊重和平等,可以多多采用"倾听三步骤"(表4-2)的方法,保持谦虚谨慎的态度。

表4-2 "倾听三步骤"

听到——"听"的外在表现	注视说话者,保持目光接触,不要东张西望
	单独听对方讲话,身子稍稍前倾
	面部保持自然的微笑,表情随对方谈话内容有相应的变化,适时点头
听懂——从对方角度考虑	不在中途打断对方,让对方把话说完
	适时而恰当地提出问题,配合对方的语气表述自己的意见
听进——结合自身进行思考	当别人的意见与你相左时,不急于判断,而是真诚地询问:"您为什么这么坚信呢?"
	即使观念和意见上不赞同,也要学会避免对立情绪,积极寻求解决措施,多思考自身的盲点

退役军人可以根据表4-2的步骤,从外在表现到内心给予对方充分尊重,通过换位思考和言语交谈理解对方的出发点和方案,减少不必要的摩擦。通过良好倾听,给人以真诚的感受,可以促进职业人际关系的提升。尤其是处于职场新人时期,多听少说,多学多问,遇到问题自己先耐下性子琢磨琢磨,在倾听中了解前辈的想法,总是明智的选择。

在职场中,合作一般可以分为部门内的合作和跨部门的合作,处理方式略有不同。部门内的合作讲求执行规则,权责分配,相互帮持。任何一项合作任务都有明确细致的分工,需要在执行前明确个人的工作内容和职责,适时与领导同事沟通调整,不要等到工作做到一半做不下去了,再求助同事、领导,这会让自己陷入被动的局面。在完成自身任务之后可以适当地帮助同事,这可以为自己赢得良好的口碑。在遇到问题时不要将矛盾激化,要先解决问题,等任务结束复盘时,再进行原因分析汇报。

跨部门合作时,要先确定合作的方式,达成一致后再推进工作。由于对于其他部门的工作不熟悉,在合作过程中尤其要注意跨部门沟通的方式,不要越级报告,预留时间以进行充分沟通。

在合作关系中,学会赞美也是非常重要的。人类本质中最殷切的需求是渴望被肯定,相信每个人都体会过被人夸奖、称赞时内心的愉悦。在职场中如何称赞别人才可以让人感觉你的称赞是发自内心的肯定呢? 常用的有三招:

第一招:一定是发自内心的对别人的称赞,而不是浮于表面的奉承。大多数人都是心里有数的,能够区分什么是发自内心的真正的肯定,什么是客气的奉承。奉承不仅会给别人留下油嘴滑舌的印象,更会让人感觉虚情假意。

第二招:在职场中,称赞他人做的事,比称赞他人更为合适。因为职场更为看重的是人的职业能力,称赞某个人做的事优秀,说明认可、佩服此人的工作能力。

第三招:赞美要具体化。有研究指出当称赞是针对某一件事情的时候,它就会更有力量。比如,"你今天这份材料内容翔实,还补充了附录部分,写得非常好",比"你今天工作做得真好"的效果就是翻倍的。

2. 权威关系改善方法

在任何环境中,都有权威关系的存在,上学时有老师,在部队有班长、排长和各级首长,在职场中还有各级领导及职业老前辈,等等。在面对这类权威关系时,职场和部队的具体情况是有所不同的。部队讲求军令如山,而职场中领导和下属之间的关系相对平等,并且由于近年来推行扁平化管理,上下级之间的直接联系沟通更加便捷,职场权威关系的距离也相对更近。

面对权威关系时,要遵循真诚-信任原则。比如,上级领导更希望了解下属的性格和能力,能够将他们的优点用于工作中,做出更多的成绩,很少担心新人会威胁自己的职位。明智的领导尤其注重互利-共赢原则,因为下属工作做得好,领导晋升快,下属晋升的机会也自然增多。

所以,在职场权威关系中,退役军人要诚实地展示出个人的职业态度和职业能力,相信领导可以带领大家创造更多的人生价值。工作中多请示多汇报,请示要找准时机,主动联系领导;汇报要提炼要点,对工作的问题要提出自己的建议和看法,帮助领导做好决策。便于领导了解工作实际,调整任务进度,分配相应资源。

但也要注意分寸,免得给人留下"没大没小""不懂礼貌"的印象。建议充分运用刺猬法则,找寻职场权威感觉最舒适的心理距离。具体方法为:工作中多和职场权威沟通,了解其最近的工作重心和思想,在确保自身利益的前提下多多展现自身能力,获得职场权威的认同。而在生活中,可以通过共同的爱好等途径,适当拉近彼此距离。

3. 竞争关系改善方法

竞争关系可谓是职场最常见的关系了,特别是在升职、加薪等实际利益面前,竞争尤为激烈,也是破坏职业人际关系的"杀手"。如果希望竞争之后还能维持良好的同事关系,就需要具备职业智慧。

在面对职场竞争关系时,第一要勇于参与竞争。竞争是提升自我最好的机会,可以在竞争中发现自己的短板和竞争对手的优势,更加理性地扬长避短。千万不能因为缺乏自信,自己设置障碍来局限自己的发展。

第二,要保持心态平和。竞争结束后也要坦然面对结果,赢了也不炫耀,要"赢得起";输了也不找借口,要"输得起",做好复盘总结,从哪里跌倒就从哪里爬起来。

第三,坚持正大光明。避免非正当竞争,不耍"小聪明"、玩"小猫腻"、搞"小团体",只有自己做到公平公正,才能要求别人对自己公平公正。

第四,可以巧妙地运用互利–共赢法则,避免"自相残杀"。比如,竞争之前可以综合评估自己与竞争对手的综合实力,如果存在较大的差距,与其硬着头皮自讨没趣,不如主动把机会留给竞争对手,并提供一些力所能及的助力,换取对方在下次机会中帮助自己。在给自己打造"大气豁达"人设的同时,也不断为自己的职场人际交往铺设新道路。

职业人际关系的积累是需要长年累月地不断与人交往而得来的,是一种在工作和生活中养成的习惯。不管是所谓的一条人际关系,还是由人际关系伸展出去的关系,都需要长期的付出和关怀,这样才能在不经意间逐步建立起自己的职业人际关系网。

在面对各种职业人际关系时,希望更多的退役军人能做到和毕俊营一样,成为一只勤奋聪明的"蜘蛛",精心编织自己的职业人际关系网。可以多和事业有成的退役军人前辈们交流学习,形成更大的社会交际圈。在这个过程中,不因复杂的职业人际关系而迷茫,也不因激烈的职场竞争而退缩,而是充分发挥自身的优势,如优秀的团队合作意识和广阔的军人胸襟,主动融入组织集体,建立良好的职业人际关系,借助职业人际关系网络的力量促进自身的职业发展。

第四节

职业人际关系适应力测评

为了更好地学以致用,进一步了解现阶段自己的职业人际关系适应水平,可以借助职业人际关系适应力自测表(表4-3),看看自己的情况。

表4-3　职业人际关系适应力自测表

评定说明:

职业人际关系适应力的评定采用5分制评分标准,从"很不同意"到"很同意"分为1—5分五个档次,分别代表强、较强、一般、较弱、弱五个等级。请根据自己的实际情况,对下面的每种活动做出评定,请在符合自己情况的等级圆圈中打"√"。

序号	题目	等级(很不同意—很同意)				
1	我与大部分同事是无话不谈的工作伙伴	○1	○2	○3	○4	○5
2	我会与大部分同事分享彼此的感受	○1	○2	○3	○4	○5
3	我与大部分同事的关系是紧密相连的	○1	○2	○3	○4	○5
4	我与大部分同事彼此分享情绪,不论高兴或悲伤	○1	○2	○3	○4	○5
5	我很关心其他同事的生活和工作情况	○1	○2	○3	○4	○5
6	同事遭遇不公时,我会为其打抱不平	○1	○2	○3	○4	○5
7	我与大部分同事的关系是建立在更好地开展工作的基础上的	○1	○2	○3	○4	○5
8	我与大部分同事共事的原因,绝非因为彼此需要	○1	○2	○3	○4	○5
9	我对大部分同事的帮助程度,从不因他(她)的回报而定	○1	○2	○3	○4	○5
10	同事间不应该讲求互利,不管有无好处,都应该尽自己所能帮助同事	○1	○2	○3	○4	○5
11	我与大部分同事的交往不会计算得很清楚	○1	○2	○3	○4	○5
12	当同事遇到困难时,我有义务帮助他(她)	○1	○2	○3	○4	○5
13	对于发生在同事身上的事,我觉得自己有责任去关心	○1	○2	○3	○4	○5
14	我对大部分同事的帮助是不求回报的	○1	○2	○3	○4	○5
15	我与同事共同促进、共同成长	○1	○2	○3	○4	○5
16	向别人介绍关系不好的同事时我依然能够保持公正	○1	○2	○3	○4	○5
17	我尊重每一个同事,即使我们处于敌对关系	○1	○2	○3	○4	○5
18	与同事意见相左时,我能够认真考虑其观点的合理性	○1	○2	○3	○4	○5
19	我对待同事的服务对象像对待自己的服务对象一样认真	○1	○2	○3	○4	○5
20	我不会因为对同事的好恶而影响与同事的合作质量	○1	○2	○3	○4	○5
21	我经常与同事分享我的工作经验	○1	○2	○3	○4	○5
22	我积极为同事提供改善工作的建议	○1	○2	○3	○4	○5
23	我经常帮助新同事适应工作环境	○1	○2	○3	○4	○5

续　表

序号	题目	等级（很不同意—很同意）				
24	我会平等对待隶属于本机构和其他机构的同事	○1	○2	○3	○4	○5
25	合作过程中,我是积极推进合作进程的一方	○1	○2	○3	○4	○5
26	我能客观公正地对待同事与客户的争议	○1	○2	○3	○4	○5

本自测题共26道,请将所选的分数相加,参照表4-4,了解自身的职业人际关系适应力。

表4-4　职业人际关系适应力得分参照表

总分	职业人际关系适应力
130—110分	很强
109—90分	较强
89—70分	一般
69—50分	较弱
50分以下	很弱

建议退役军人根据得分,重点关注分数较少的那些问题,有针对性地予以改进。此外,建议每过半年都自测一次,看看自己是否处于不断改进的过程中。即使分数提高不明显,也很可能是自身已经有了较大进步,只是暂时没有在分数上体现而已。只要坚定地走在改进的道路上,保持小步快跑的状态,职业人际关系就会越来越好。

参考文献

[1]陈雨润.社会工作介入退役士兵入职后人际交往适应的研究:以无锡市Y社区为例[D].南京:南京农业大学,2015.

[2]陈爽.中国文化背景下本土社会工作者同事关系研究[D].重庆:西南大学,2020.

[3]桂云云.情感还是理智:新生代员工职场友谊对离职倾向的影响[D].南京:南京大学,2018.

[4]李燕萍,侯煊方.新生代员工工作价值观结构及其对工作行为的影响机理[J].经济管理,2012(5):77-78.

[5]刘珈彤,朱晓文,李玉磊.制度、平台与人际关系:高校"青椒"职场生活质量核心要素的

质性探析[J].中国青年研究,2021(3):110-118.

[6]刘伟峰,陈云松,边燕杰.中国人的职场交往与收入:基于查分方法的社会资本分析[J].社会学研究,2016(2):2-4.

[7]任占忠,陈永利.大学生职业适应指导[M].北京:北京交通大学出版社,2013.

[8]史克学,张喜琴.沟通人生:现代人际交往技术[M].北京:首都师范大学出版社,2003.

[9]孙泽厚,陈珊.工作生活质量维度分析[J].当代经济,2008(18):9.

[10]王楠.你需要了解的三种职业人际关系[J].中国大学生就业,2019(15):29-31.

推荐阅读书目

1. 戴尔·卡耐基,《人性的弱点》,中国妇女出版社,2006年
2. 罗兰·米勒、丹尼尔·铂尔曼,《亲密关系》,人民邮电出版社,2011年

思考与练习

1. 你能否说出自己在职业人际关系适应上的优势和不足之处呢? 可以和父母、职场前辈一起探讨,交换意见。

2. 请寻找身边一个在职场中非常受欢迎的人,运用职业人际关系适应四大原则,找出此人运用原则的具体事例,并和自己进行对照。

3. 对自己目前的职业人际关系适应力进行一次测评,针对自己的不足之处,提出具体的改进方案。

4. 邀请朋友和自己一起进行职业人际关系情景模拟,互相指出对方的优点和不足之处,提升彼此的职业人际交往能力。

第五章

退役军人职业通用能力适应

　　毕俊营入职某交通运输集团后,成为亲友口中的"体制内人员",各路介绍对象的人马也多了起来。虽然成天自称"打工人",但他对这个工作还是非常"上头"和卖力的,觉得光明大道已经建好,自己就是一辆全新的跑车,整装待发。

　　上周部门领导安排他参与了公司的一个管理效率提升的新项目,更是让他兴奋得走路带风,浑身有使不完的劲儿。不过才过了几天,他就感觉有点难受:这项目不仅要和好几个部门的同事打交道,还得经常向领导汇报工作进度;项目安排的工作不少,每天的本职工作更加做不完,而且又怕哪里做得不对不好,感觉自己就像是掉进了高压锅的小猫,气都喘不均匀了。他只能每天顶着两个"熊猫眼"去公司,强打精神应付各路大神。

　　这种烦恼也只能和丁新成吐槽,反正也不用客气。他赶紧打开微信,一吐为快:"老兄啊,参加这个新项目,本来以为是领导器重我,我也拿出了当年在部队里大练兵的劲头,比高考还努力。可现在怎么越看越像个大坑呢? 和别的部门的人说我的想法,给领导汇报的时候,他们经常瞪着无辜的大眼,仿佛我在说外语;项目的活儿和本来的活儿堆积起来,其他同事嫌我拖累了他们。这才几天,搞得我头发一把一把地掉啊,再这么下去我怕是要'秃头'了,相亲都不敢去。唉,我真不知道是哪里出了差错……"毕俊营不说还好,越说越觉得委屈、迷惑,简直是事事都不顺心,时时都有问题。

　　连珠炮似的留言之后,他才发现自己的留言占满了整个手机屏幕。

　　过了半小时,丁新成直接和毕俊营视频,开门见山地说:"别绷那么紧嘛! 别看你现在觉得自己到处碰钉子,其实比我刚上班的时候强多了! 毕竟我当时是从事全新的 HR 岗位,两眼一抹黑。你这些痛苦我全都经历过,毛毛雨啦! 说白了就是你的综合能力还不够,也不知道怎么提升才能适应工作的要求。这事啊,可急不得,就和打怪升级一个道理,得找准方向,装备、技能、攻略一个都不能拖后腿,我现在给你说一说……"

第一节

概述

　　在竞争激烈的当下社会,各行各业对从业人员的能力要求日益提高,甚至有"内卷"的趋势。职场新人必须根据职业要求,不断提升自身的综合能力,才能保持竞争优势。初入职场的退役军人自然也不例外。退役军人可能从事各种不同的行业,但大多数行业的能力要求是有共通之处的,这些共通之处就是本章将要说明的职业通用适应能力。所谓退役军人职业适应能力培养,是基于退役军人的经历、学历、性格、技能等,以转变职业思维方式和行为习惯,增强职业素质,提升职业能力为目的,贯穿退役军人职场头三年的职业发展指导。

关于职业通用能力的系统及其划分,国内外众多学者都提出了自己的见解。其中,比较适合退役军人的是九维职业适应力框架。

一、九维职业适应力概述

北京教育人才培训中心在充分调查、深入研究、反复研讨的基础上,基于以企业为主的各类单位用人要求,提出了九维职业适应力的理论体系和方法框架。它适合中国社会,全面直观地反映了用人单位对优秀员工的全面要求与标准,因而得到了广泛应用和大力推广。

职业适应力的九大维度,是以思维、道德、健康、态度、学习、目标、人际、技能、表达等九个方面为基础内容,构成九维职业适应力框架。又将九大维度纳入执行力、驱动力和保障力三个"力"之中,分层次递进,形成内在联系、外在统一的金字塔结构。

二、九维职业适应力分类

在"三力"金字塔结构中,每一层的"力"都分别对应三个维度,形成了九维职业适应力金字塔,如图5-1所示。

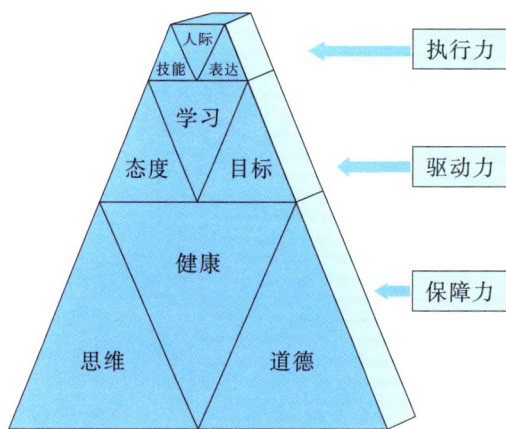

图5-1 九维职业适应力金字塔

1. 保障力

保障力是金字塔结构的基础,也是占比最大的部分,对应九维中的健康、思维和道德维度。其中健康维度是物质保障,思维维度是方法保障,道德维度是品性保障。

健康适应力指的是保持身体健康和心态平衡,涉及面对压力、强度工作时,如何处理好生活与工作、精神与身体之间的关系。

思维适应力指的是在人生、职业发生阶段性变化时,能够快速适应环境变化和解决各种矛盾的思辨能力,这种能力包括两分辩证、发展辩证和主导辩证。如果拥有科学的思辨能力,不论是面对人生选择还是工作变化,都可以透过现象看本质,从而认识矛盾,解决问题。

道德适应力指的是恪守道德准则和遵守职业规则的能力。在纷繁复杂的社会中,如何守住底线,保持诚信,考量的不仅仅是职业适应力,更是人性、人品。

2. 驱动力

驱动力是金字塔结构的中间层,作为内在驱动的力量,衔接着金字塔的基础层和顶层,对应九维中的目标、态度和学习维度。其中目标维度是人生追求的动力,态度维度是责任趋势的动力,学习维度是激励的动力。相比于保障力的基本性,驱动力进一步推进了人在职业中的发展。

目标适应力指的是目标意识和设定目标、实现目标的能力。志当存高远,在职业生涯中确立职业方向与职业目标,有助于推动个人短期、长期的发展。

态度适应力指的是在职业发展过程中,以责任感为驱使力的"干一行,爱一行"的职业发展能力。树立正确的职业观和工作态度,方能提升个人整体职业素养。

学习适应力指的是个体高效率获取知识,并以此解决工作问题的能力。工作中更讲求自我领悟,自我学习,自我提升。要理论结合实践,灵活运用知识,争取做到举一反三、融会贯通。

3. 执行力

处于金字塔顶层的执行力,是成就事业的根本。其中人际维度可以通过和谐的人际关系而激发团队合作力,技能维度可以通过应用科学知识形成强大的竞争力,表达维度可以实现高工作效率。

人际适应力指的是不论身处什么环境中,都能够尊重和团结他人,收获和谐健康的人际关系,从而获得出色的团队协作能力,实现个人价值的最大化,并实现团队集体目标。

技能适应力指的是在职业发展中所具备的职业技术与技巧,通过勤学多问,在问题和挫折中不断提升职业技能,最终在工作中独当一面。

表达适应力指的是不仅能准确清晰表达自己的想法,而且能准确领会他人表达的重点,从而满足他人的期望和要求,高效地推进工作,展示出自身的优秀素质。

综上所述,每个维度的具体要求可以汇总成一个表格,如表5-1所示。

表5-1 九维职业适应力具体要求

维度	拓展核心	拓展目标	拓展内容
思维	辩:辩证	积极心态	两分辩证—发展辩证—主导辩证
道德	诚:诚信	诚信品德	诚信唯实—诚信做事—诚信立言
健康	衡:平衡	健康体魄	心态平衡—动静平衡—饮食平衡
目标	志:志向	志高向明	榜样励志—兴趣探志—体验定志
态度	责:责任	认真热情	做事认真—待人热情—工作主动
学习	悟:领悟	活学善用	联想领悟—观察领悟—实践领悟
人际	尊:尊重	团结协作	尊重不同—尊重落后—尊重信仰
表达	准:准确	清晰准确	口语准确—文言准确—形体准确
技能	勤:勤奋	熟练精巧	不会嘴勤—不熟手勤—不精脚勤

以毕俊营为例,他是刚踏上工作岗位的职场新人,需要在不同程度上提升自己的这九个维度,这样才能尽快适应职业转换之后的阵痛期。否则,就容易陷入工作中无法施展拳脚的尴尬境地,甚至四处碰壁。他可以借助上述表格,量化职业适应力,找到提升的重点,实现美好职业愿景。

第二节
常见通用能力适应问题

结合问卷调查、访谈和多年的观察,按照九维职业适应力模型,退役军人在职业适应过程中最迫切需要提升的重点是驱动力和执行力。驱动力方面,大多数退役军人的职业态度认真踏实,因此提升重点是学习和目标管理能力;执行力方面,人际和技能分别在本书第四章和第六章专门探讨,因此本章重点是表达能力。本章将按照"问题表现—原因—方法"的思路进行深入分析,并探讨解决方案。

一、通用能力适应问题表现

1. 目标管理能力不强

目标管理能力,即设定目标、制订计划、实现目标的综合能力,对于退役军人职业适应具有火车头的引领作用。根据对376名退役军人的问卷调查数据,有78%的退役军人进入职场头三年中遇到了目标管理困难,具体数据如图5-2所示。

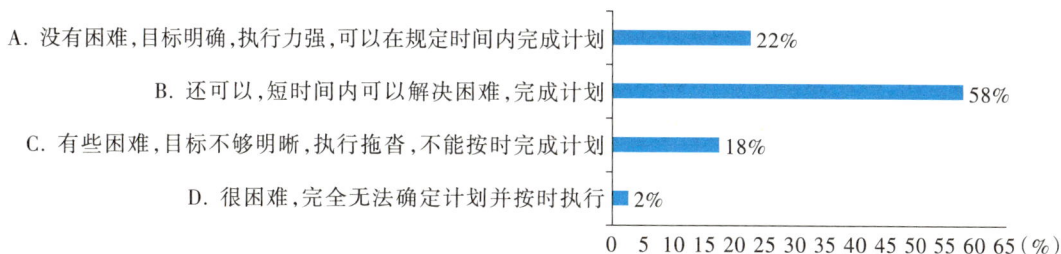

A. 没有困难,目标明确,执行力强,可以在规定时间内完成计划　22%

B. 还可以,短时间内可以解决困难,完成计划　58%

C. 有些困难,目标不够明晰,执行拖沓,不能按时完成计划　18%

D. 很困难,完全无法确定计划并按时执行　2%

0 5 10 15 20 25 30 35 40 45 50 55 60 65(%)

图5-2　退役军人进入职场头三年遇到的目标管理困难情况

在社会生活中,每个人都会时常面临各种诱惑,稍有不慎就会偏离目标。特别是退役军人刚刚从军营生活中走出来迈入社会,如果不能按照自己的职业规划设定合理的职业目标,一步一个脚印地朝着目标前进,就很容易行差踏错,甚至坠入深渊。

现在网络上有个热门"病症"——"拖延症晚期",形容尽管早早给自己定下目标却迟迟不去行动实现目标的行为。这不是一种身体上的疾病,而是心理上的疾病。有些退役军人离开军营后就放飞自我,睡眠、饮食、作息都按心情来,进而导致失眠、发胖、体能下降等各种身体问题。究其根本,也是因为没有做好职业目标管理,导致工作、生活失去了方向。

2. 职业学习能力不佳

当今社会越来越看重职业能力和技能,相信各位退役军人在求职和工作过程中对此都有切身体会。对376名退役军人有关"进入职场头三年是否遇到过学习困难"问题的调查问卷显示,只有23%的退役军人没有遇到过困难,有超过20%的退役军人遇到过困难且不知道如何进行改善,具体数据如图5-3所示。

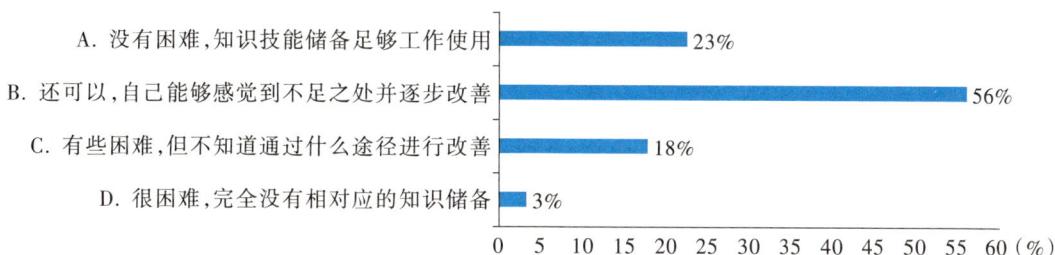

A. 没有困难,知识技能储备足够工作使用　23%

B. 还可以,自己能够感觉到不足之处并逐步改善　56%

C. 有些困难,但不知道通过什么途径进行改善　18%

D. 很困难,完全没有相对应的知识储备　3%

0 5 10 15 20 25 30 35 40 45 50 55 60(%)

图5-3　退役军人进入职场头三年是否遇到过学习困难情况

很多退役军人在进入职场后发现,自己不仅对领域内的专业知识知之不多,而且尚未培养出良好的学习习惯,也不知道怎样学习,特别是在结合工作岗位需求进行自我职业学习方面,虽然他们知道"凭本事吃饭"才是硬道理,但缺乏合理的计划和方法,学习效果不佳。

3.职业沟通能力不足

对376名退役军人的调查问卷显示,只有16%的退役军人没有遇到过沟通困难,有2%的退役军人无法和别人沟通,具体数据如图5-4所示。

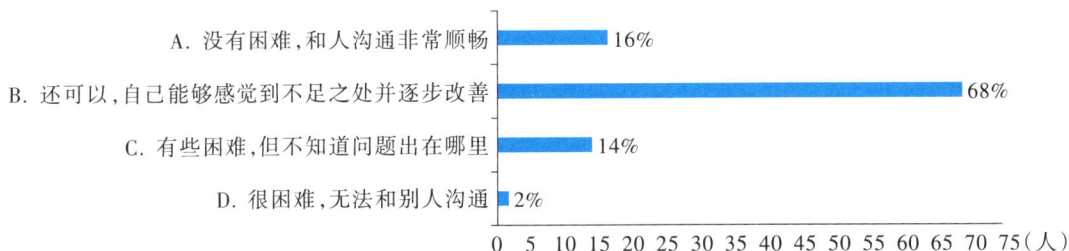

图 5-4 退役军人进入职场头三年是否遇到过沟通困难情况

在职场关系中,恰如其分的表达是加分项。调研发现,在刚进入职场阶段,很多退役军人经常会出现的情况主要是:不愿主动和同事交朋友,和异性交流时会表现出害羞,以及在汇报工作时因为紧张而无法有条理地表达自己的想法。同时,面对工作上棘手的问题时,他们很少请教前辈同事。原因一是不好意思三番五次打扰别人,二是担心"丢面子",怕自己显得"不够专业"或"啥都不知道"。

其实,这是职场大忌,因为实际工作不是光靠知识就可以解决问题的,更多靠的是实践经验。要想迅速完成能力适应,就要讲求"嘴勤、手勤、脚勤",而"嘴勤"是"手勤、脚勤"的前提。不懂的就要多向前辈请教,不能怕麻烦,要向他人学会在实践中获得经验,以及完成工作带来的人生智慧积累。

二、退役军人常见通用能力适应问题的原因

退役军人在职业适应遇到的上述三大问题,其主要原因在于以下几个方面:

1.文化知识基础、专业技能薄弱

就整体而言,退役军人在入伍前多数没有接受过系统化的高等教育,在中等教育阶段知识体系的底子不够扎实,在学习态度、学习方法掌握方面更是薄弱。进入部队后,很多军人在这一阶段并没有提升自身的文化知识储备的意识。进入职场后,与大学毕业生相比,退役军人在文化知识、学习能力上不占优势;与大中专技校毕业生相比,退役军人在专业技术能力和社会工作经验上也不占先。这些都会导致退役军人的职业学习捉襟见肘。

2. 生活习惯未能及时调整

军人在部队需要严格遵守时间点,每天起床、洗漱、吃饭、训练、休息都有严格的时间规定。军旅生活严肃,又长年身处与外界封闭的军营之中,即便是退伍后,很多人也习惯一切都要遵循上级规定的时间点,而没有养成自己安排时间和工作生活内容的习惯。这种与社会中其他人存在的巨大差异,会导致退役军人在身体和心理上有一定的不适应感,甚至难以融入同事、朋友的生活和工作圈子,造成人际、沟通等方面的不适应。

3. 沟通方式阻碍融入职场

军人在部队处于一个相对封闭、性别单一、上下层级结构严密的集体环境中。特别是没有太多社会经历、三观尚未完全形成的入伍青年,在部队关系中,已经形成了绝对服从的思想观念。在部队里,无论是严密的上下级关系,还是使用的语言,都是为了高效传达和落实军令,因此沟通方式大多简单明了,交流更为直线化。

但在多元化的职场上,工作关系、沟通目的与方式等方面都有很大变化。比如,面对女性同事,一张口嗓音倍儿大,容易吓到她们,可能会让她们产生"这个人是不是对我有意见啊,和我说话嗓音这么大,语气这么冲"的误解。

4. 心理承受能力锻炼不足

军人在退伍之前,一般都在部队获得了一些荣誉,取得了一定的职位,拥有一定的话语权和地位。因此,他们可能常常会觉得自己有勇有谋,能号令部下完成任务,没有经受过太大的挫折和打击。但进入职场后,退役军人往往需要在一个新领域从头做起,可能同事、上级比自己年纪小。这种地位、职务的落差,会让某些退役军人在面子上"挂不住",心理上一时接受不了,或者遇到挫折时难以承受。

三、退役军人常见通用能力适应问题后果

如果退役军人不重视上述常见的通用能力适应问题,会产生什么后果呢?

1. 目标管理能力不足,职业前景难见光明

如果退役军人目标管理能力不足,经常东一榔头西一棒子地工作,会导致思想无法集中,做事拖拖拉拉,影响工作效率。这不仅会拉低个人的工作绩效,给同事、领导留下不好的印象,也会因此影响个人的考核和评价。而考核和评价,直接与收入、升职等挂钩,更会严重影响个人的职业发展。

2. 职业学习能力不足,自身职业竞争力薄弱

退役军人在专业知识欠缺、学习方法掌握不全面等方面存在的问题,在部队中可能表现得不明显,但在竞争激烈的职场中,会加倍放大,造成和同龄人的差距。如果不能及时有效地改善学习能力,很多退役军人在入职初期就会被同事拉开距离,感觉工作吃力,无

法完成领导布置的任务。如果不做改变,或是改变方法不对、成效不明显的话,会产生"我就这样""我学不好""我不适合工作"等负面、消极的工作态度。

这会使得自身职业竞争力停滞不前,失去提升自我的机会,事业毫无发展,在公司组织整合结构的时刻很容易被迫离职。还会因为消极的工作态度影响人生观,养成不积极、不上进的生活态度,进而形成懒散、颓废等不良习惯,对人生发展产生负面影响。

3. 职业沟通能力不足,难以适应工作机制

快速融入职场,了解职场环境,需要较强的职业沟通能力。沟通是一个双向进行的过程,如果不能有效沟通,就会既不能获取外界有效的信息资源,也失去了赢得自我展示的机会。

很多沟通能力较弱的退役军人,不知道复杂的公司结构,不理解沟通对象的性别、年龄段,以及讲求方式方法的人际脉络,常常会无意识地"得罪人",抑或是畏首畏尾,不知如何是好。又或者"社恐"加身,不与人接触,甚至是出现无意识的抖腿、说话眼神飘忽等小细节,给人留下懒散的印象。久而久之,自己的职业生涯频频受阻,也会让周边的同事们感觉自己难以相处。

第三节
职业通用适应力提升方法

即使退役军人在初入职业新环境阶段产生了各种不适应,在科学方法的指导下,也可以逐步找寻适合自身的职业适应法则,有针对性地稳步提升,从而实现职业的成功。

一、目标管理能力提升

常言道:"有志之人立长志。"也就是说,要善于制订长远的目标,将其分解为多个小目标,通过实现小目标,最终实现长远目标。

1. 目标制订方法——SMART原则

如何科学地制订适合自己的职业目标呢? SMART原则(表5-2)非常实用。

表5-2 SMART原则

S(Specific)	具体明确的——目标要明确,"路标"要清晰
M(Measurable)	能够衡量的——有客观衡量标准
A(Achievable)	可以达到的——在能力范围之内

续　表

| R（Relevant） | 平衡关联的——小目标之间相互联系，可以相互递进 |
| T（Time-Bound） | 设定期限的——有明确的截止期限 |

目标过高不易实现，容易让人在职业初期产生挫败感；目标过低，又会引起自满或懈怠，距离最终梦想更加遥远。而SMART原则通过5个维度衡量目标的可操作性，可以帮助退役军人在职业适应阶段，将每个目标制订得合理合适，为他们的职业适应定下一个坐标和灯塔，引导他们找准路径，步步为营。

2. 目标进度管理的甘特图法

很多人定下目标后，一开始信心满满干劲十足，可过了两天不是叫苦就是叫累，想着明天再说吧，明天再做吧，今天还是看剧打游戏吧。于是乎，明日复明日，明日何其多？其实，治疗拖延症有良药，就是适用于推进各种计划的甘特图法。

甘特图可以直观地了解每项任务需要花费多长时间，某项任务或者工作进行到了什么阶段，以及每个阶段需要做的事情。甘特图的强大之处不仅仅在于可以减轻拖延症，更在于可以合理地安排工作进度，科学地管理目标运行，提升工作效率。

具体应用时，可以分为以下三个步骤。

首先，可以下载Edraw Project（亿图）、Edraw Max、Microsoft Project等具有制作甘特图功能的软件。其中亿图软件支持各种格式（PDF、Wisio、Word、PPT）的导出，方便在日常生活和工作中展示使用，本章即以这款专业制作甘特图的软件为例。

其次，打开后，可以看到如下界面（图5-5）：

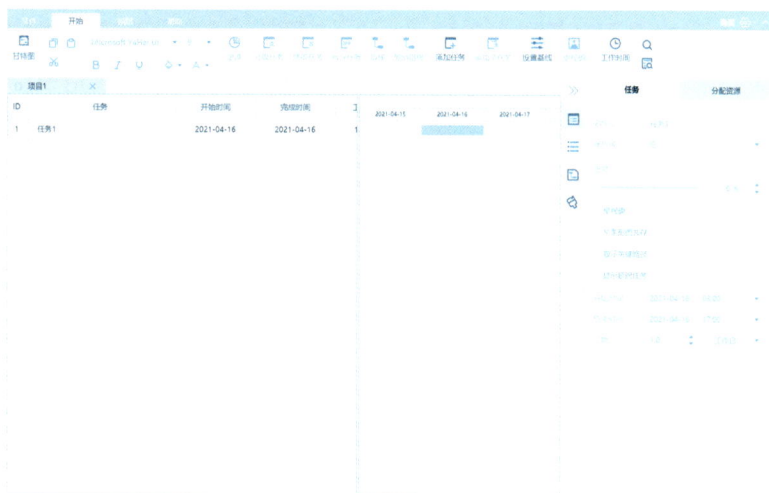

图5-5　亿图软件甘特图绘制界面

最后,在图片左边的任务栏中,可以更改任务的名称、添加不同任务,在开始时间和完成时间栏中填写目标时间。按照一般项目推进的几个大的步骤,做一个样例填写(图5-6)。

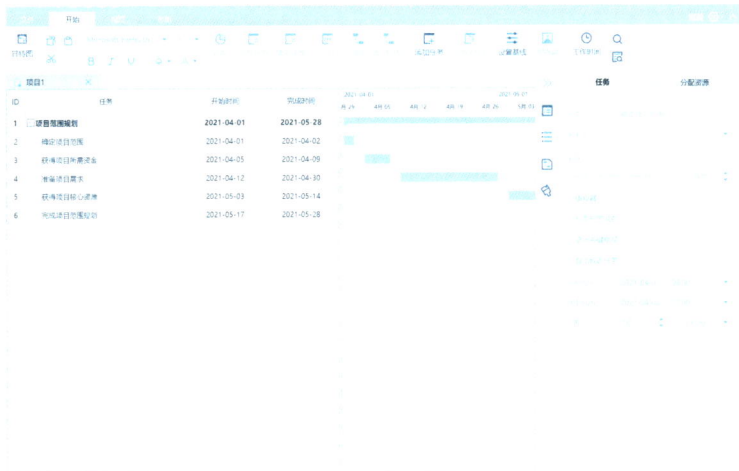

图5-6　以某项目为例的甘特图绘制

从图5-6可以看出,甘特图可以对一个完整的目标和相关任务进行详细分解(添加子任务)。在右侧的边栏中,可以设置子任务的名称、优先级、开始和结束时间,根据实际的进程更新进度。中间的时间轴可以直观地展示每项子任务的时间,以及与其他子任务的时间节点是否重合、衔接有无不妥之处。

3. 坚持职场专属时间表

近年来,随着生活压力的变大,很多青壮年的身体亮起了红灯。为了实现职业目标,退役军人应该建立一个工作与生活劳逸结合的生物钟,获得生理上的平衡,以保证更好的工作状态。

根据中医理论,人一天24小时都在进行自发的节律性功能活动。退役军人可以参考人体机能分析,结合自身的作息习惯以及工作时间,制订职场专属时间表,并长期坚持执行。这种高度自律和严格的时间管理,有利于身心健康,也会促进职业目标的实现。

二、职业学习能力提升

职业学习是一个广义的概念,除了看书,向前辈学习、自己动手操作等也是职业学习。移动互联网时代,最考验职场素质之处就是终身主动学习的意愿和能力。退役军人想要真正适应职业生涯的挑战,应当牢记"纸上得来终觉浅,绝知此事要躬行",培养自身"干中学、学中悟"的职业学习意识,努力让职业学习和职业适应实现螺旋式上升,也就是在职业学习中适应,在职业适应中学习。

1. 职业实践"悟道"法

职场与校园不同，没有老师会专门敲黑板、画重点，更多的是靠自己"开悟"。实践出真知，实干出感悟，只要肯实践，也能逐渐摸索出职场学习能力提升之道。

在职场之中，要培养对人、事、物足够的敏锐性和领悟力，也就是"处处留心皆学问"。这是一种被广泛采用的"悟道"法体系，如图5-7所示。

```
 ┌──────┐      ┌──────┐      ┌──────┐
 │ 观察 │ ───→ │ 阅读 │ ───→ │ 实践 │
 │ 醒悟 │      │ 领悟 │      │ 顿悟 │
 └──────┘      └──────┘      └──────┘
```

图5-7　职业实践"悟道"法

"悟道"的"悟"字讲求的是职场人在工作中根据自己及别人的工作过程，总结体会，提炼出经验之道，从而在类似工作中可以避免错误，做到尽善尽美，获得领导的赏识和提升的机会。

"悟道"之路可以分成三个层次——醒悟、领悟和顿悟，分别对应职业初期的三种体悟状态。

醒悟就是观察同事前辈工作时的优点与长处，特别是对细节的处理，唤起自身的关注和学习动力，也是注重外在经验和知识的阶段。

领悟就是面对自身的不足，要通过大量的相关阅读学习，补充知识储备，从理论和方法上领会到其中的门道，具体工作时能做到应对自如。此时也是探索内在经验，并尝试将外在经验和知识与内在经验进行结合的阶段。

顿悟就是把领悟到的门道，在实践中继续运用、深入思考，最终能够明白门道的具体运用法则，达到得心应手甚至随心所欲的境界，这也是"实践出真知"的含义。此时，才能真正内化出有效的形势策略和方法，逐步形成自己的职业风格。

2. 坚定信心

对大多数职业而言，退役军人只要虚心学习，在三年的时间内完全可以成长为一名合格甚至优秀的职业人士。因此，风华正茂的退役军人，完全没有任何理由怀疑自己的职业学习能力和潜力。

第一，不要自我设限。不要给自己贴标签，如"我从小就数学不好""我当众说话就脸红心跳"等。这种自我设限的恐怖之处在于，会让大脑得到消极信号，从而放弃思考，严重影响学习积极性和效率。

第二，也不能被别人设限。退役军人在学习时，会遇到一些莫名其妙的论断，或者冷嘲热讽。比如，不适合学理工科、学得晚了、年龄太大不可能会有竞争力。这些都是无稽之谈！比如，对于所谓的年龄受限，职场社交平台LinkedIn（领英）在2018年发布的《职场心态洞察》显示,超7成职场人将"心态年轻"评为年轻首选标准,而年龄则排在了最不重要的位置。

即使退役军人目前的学习能力不太强,不擅长解决千变万化的题目,也可以专攻有固定答案的知识,比如学习编程、学习会计规范、考职业证书。只要投入足够的时间,肯定能学会。

3. 保持专注

对不想学的人,刮风下雨都是借口,而想学的人,只有一个念头——"学"。

不管学什么,开始一定要专注。就像在操练某种武器一样,拿出"板上钉钉"的精神——从很小的一个点打进去,只要钉得够深,木板就会裂开。具体而言,可以请教在这一领域已经取得成就的过来人,从对方推荐的一个专家、一本书或一个方法开始,投入大量的时间和精力,结合自己的工作学习经验,吃透搞懂。不见异思迁,改正到处挖坑却不打井的毛病。在这个过程中,会渐渐摸索出适合自己的方法,建立自己的学习体系,最终实现从量变到质变。

4. 锁定靶心

坚持目标导向,像打靶一样瞄准目标,发挥"每一颗子弹消灭一个敌人"的精神,有针对性地学习。学习不是目的,能用才是真的。如果学了很多东西,但总是用不到,一定要反思自己,因为学习的价值只能通过解决现实问题去实现。

5. 坚守恒心

要坚信"一万小时定律"的科学性,不要指望一口吃成个胖子。任何学习过程都是类似的:开始时因为自己的领域知识尚是空白,学习时会感觉每天都有收获,甚至经常能体会发现新大陆式的惊喜。这种兴奋大概持续一个月,接着一般会经历一段无收获期——自己感觉每天都在原地踏步,让人烦躁甚至迷茫。其实这是典型的"山重水复疑无路,柳暗花明又一村",越过那个坎、转过那个弯,就会豁然开朗。

另外一种常见现象是推车效应。知识是呈指数增长的,初期学得比较慢,有了足够的积累之后,学习曲线会变得美丽起来,再学新的东西就会越来越快。很多人没有熬过积累期,就迫不及待地换赛道了,结果始终在低水平重复,最终导致一事无成。这也是聪明人诅咒——学什么都"半桶水",很快转移阵地,反而不如普通人,扎扎实实,越走越高。

三、职业沟通能力提升

工作中的对话交流需要沟通,自我水平的展现需要靠语言表达。因此,想要在职场获得成功,沟通与表达能力是必不可少的基本功。对于退役军人而言,如何提升自身的沟通和表达能力更加重要。

1. 提升思辨能力,奠定沟通和表达的基础

不论是在生活还是职场中,沟通和表达的基础都是思辨能力。何谓思辨?思辨就是思考辨析。所谓思考,指的是推理、判断等深刻的思维活动;所谓辨析,指的是对事物的情况、类别、事理等的辨别分析。思辨能力的培养有利于构建个人科学的思维方法,是层次分明、条理清楚的分析,是清楚准确、明白有力的说理。

很多退役军人在沟通和表达时,往往只会东拉西扯,甚至自己都不知道自己在说什么,对于别人的观点,也"一个头两个大",不知道怎样辨别。因此,要学会静下心剖析问题,不断深入找到问题的根本所在,从正、反两面,以发展的眼光看问题。退役军人要通过阅读一些思维书籍、听相关课程,逐渐养成一套科学、适用的思维模式,在沟通和表达时快速认识主要矛盾并提出合理的想法。

2. 缩短沟通距离的SOFTEN法则

人们常说,沟通是一门艺术。沟通不仅仅指交谈,更包含谦逊尊敬的态度、语言逻辑的组织、快速的应变能力和对语言的理解领悟能力。因此,除了语言,退役军人还要学会创建沟通氛围等语言之外的本领。

SOFTEN法则原本是一种商务沟通原则和标准,是六种最重要的参与技巧的英文缩略语。由于它对拉近双方对话关系、构建和谐的沟通气氛有很好的促进作用,因此被广泛运用于公开汇报、商务谈判,以及公开场合的演讲等环境之中。

S:Smile,微笑。微笑意味着双方相互注意到了对方,并释放出了积极友好、愿意沟通的暗示。对方会认为微笑是对他整体的欣赏,然后产生良好的感觉,更愿意展开交谈。

O:Open Posture,开放的姿态。做出张开双臂、欢迎手势等姿态,释放出友好并愿意与人接触的信号,让对方感觉到自己愿意聆听,并且愿意与他接触。

F:Forward Lean,身体前倾。交谈时身子前倾表明正在听对方讲话,并对所说的内容很感兴趣。

T:Tone,音调。说话的音调给对方造成的影响其实高于内容本身。语速、音量、声调,都会对谈话的效果产生重要影响。温和的声音可以塑造和谐的谈话气氛。

E:Eye Communication,眼神交流。直接的眼神交流表明正在听对方讲话,并对对方谈论的东西很感兴趣,如果能再给对方一个友好的微笑,就暗示希望增进了解。但是眼神交流要注意善意、适度和恰当,伴有一定的间隔,太多太主动则会适得其反。

N:Nod,点头。点头表明正在听,并能理解对方谈论的内容。点头不一定意味着赞同,但至少是一种尊重对方的表现。

在职业沟通或是日常交流中,退役军人都可以运用SOFTEN法则,提高沟通的积极性和交流的质量。即使是面对态度激烈的交涉,也可以运用SOFTEN法则化被动为主动,在细节情感上取得对方的好感,从而调动双方的情绪,提高谈话的效率。

注意灵活采用沟通方法,也就是"见什么人说什么话"。职场结构关系复杂,面对不同职位、不同性别、不同关系的人,都要采用不同的沟通方法。向上级汇报工作时,站姿自然,逻辑清晰,语言缜密即可;与合作伙伴这类需要达成一致目标的沟通时,最好不要直来直去,而要语气婉转,在交谈中领悟对方的真实想法,给予合适的回应。

此外,沟通之后应当复盘刚才的表现,发现自己的不足之处到底在哪里,从逻辑、形体或者口头语言方面有针对性地改进。逻辑不严谨的,可以在准备汇报等工作的时候,在纸上罗列出一、二、三点小提纲;形体不恰当的,可以平时多看一些著名的演讲、主持视频,自己再对着镜子多加练习;口头语言表达不清晰的,可以着重训练自己的"嘴皮子",去练习普通话,一口字正腔圆的普通话可是职场加分项。

3. 书面写作的4C原则

职场有这么一个说法:"常握笔杆子,才有两下子。"无论是在事业单位,还是企业,汇报总结都是少不了的。因此,能够说出一番清楚、简洁的话,写出一篇精练、准确的文章,是必不可少的技能。

表达有两个方面,一是说,二是写,二者缺一不可。一个人如果能说、会写,职业提升道路也会越走越顺畅。退役军人更要注重表达方面的训练,让职业适应之路更加顺畅。

4C原则是由四个英文单词的首字母缩写组成的,分别是Correct(准确)、Clear(清晰)、Complete(完整)、Concise(简洁)。

Correct(准确):准确是写作的首要原则。文章材料要真实可靠,观点要正确无误,语言要恰如其分。对不同类型的文章、公文格式、字体把握也要准确。

大到操刀项目计划书这类洋洋洒洒的体量文章,小到给领导同事发送一个短信、一段文字说明,核心要素就是准确。在提笔之前,建议先明确思想,确定文字立意主题;平时多阅读,积累丰富的词汇量;注意使用的成语、诗词、俗语是否符合文章的感情色彩,千万不能张冠李戴,忽视这些表达的引申义。

Clear(清晰):即有效地组织句子和段落,注重文章的整体布局,优化包括大小标题、英文大小写、页边距等细节,使其整体看起来清爽、规整。

Complete(完整):书面写作比口头交谈有更充裕的时间来表达思想和观点,在写作中应力求观点表述完整,立论有据。完成后可以全文通读,检查思考,修改直至完美。

Concise(简洁):所谓"简洁"并不是"简短",而是要清晰、准确地传达想要表达的意思,避免使用冗长的句子、复杂生僻有歧义的词语,减轻阅读负担。写作的最高境界就是"加一字太多,减一字太少"。

4C原则不仅是职场写作的黄金标准,也同样适用于口头表达。退役军人在口头表达之后,也可按照这个标准检查和复盘,不断提升表达能力。

职业通用能力适应测评

退役军人可以使用下面的职业通用能力适应力自测表进行测评,以对自身的职业通用能力适应力有更为全面的了解。

一、适应能力测评

请在下列各题所给备选答案中选择最符合你的。

(1)遇到难题时,你将会( )。

    A. 毫不犹豫地上网征求意见

    B. 经常向熟人请教

    C. 很少麻烦别人

(2)选择鞋子时,你将( )。

    A. 总是固定在一种款式上

    B. 跟随新潮流,希望适合自己

    C. 在选定以前,先听取陪同的朋友或售货员的意见

(3)假如你的朋友突然带一个你最不喜欢的人到你家里,你会( )。

    A. 表示厌恶

    B. 不会流露你的感受

    C. 暂时忍耐,以后再把实情告诉你朋友

(4)你骑车去一个较远的地方参加社交活动,中途找不到路标,你会( )。

    A. 赶快使用手机导航

    B. 不知所措

    C. 耐心等待过路车或路人,问个清楚

(5)对自己的某次失败,你会( )。

    A. 只要别人问起随时都会告诉他

    B. 只在谈话时有意对别人说出来,希望获得他人的建议

    C. 决不说,怕会被别人抓住弱点,对自己不利

(6)当你知道将要有不愉快的事时,你会( )。

    A. 自己进入焦虑状态

B. 相信事实并不会如预料的严重

C. 认为自己会应付自如

（7）每次参加正式的考试或竞争，你会（   ）。

A. 发挥得比平时好

B. 常常不如平时

C. 和平时差不多

（8）和别人争吵起来时，你（   ）。

A. 能有力地反驳对方

B. 常常语无伦次，最后才想起如何反驳对方，可是已经晚了

C. 能反驳，但无多大力量

（9）在嘈杂、混乱的环境里，你会（   ）。

A. 总觉得很烦，不能静下心来读书

B. 仍能学习，但效率降低了

C. 不受影响，照常学习

（10）必须在大庭广众之下讲话时，你会（   ）。

A. 因怯场，便不知所措或说话结结巴巴

B. 感觉虽然难，但还是想方设法完成

C. 侃侃而谈

（11）碰到阻力或困难时，你会（   ）。

A. 经常改变既定的主意

B. 不改变既定的主意

C. 更有干劲

（12）受到别人的批评，你会（   ）。

A. 想找机会反过来批评他

B. 想查明受批评的原因

C. 不假思索地接受

（13）当情况紧迫时，你会（   ）。

A. 仍能注意到该注意的细节

B. 粗心大意，丢三落四

C. 慌慌张张

（14）参加各种比赛时，赛场越激烈，群众越喊"加油"，你会（   ）。

A. 成绩越好

B. 成绩越差

C. 成绩和平时一样

（15）对团体或社会性的集会，你会（　　　）。

　　A. 总是想起到主导作用

　　B. 只有熟人在时才参加

　　C. 讨厌在集会上说话，所以不参加

（16）你符合下面哪一种情况?（　　）

　　A. 不安于现状，总想改变点什么

　　B. 凡是只求"规范"，不办破格的事

　　C. 安于现状，情绪不佳

（17）你同意下列哪一种观点?（　　）

　　A. 为了深入地了解自己的国家，学习外国的东西是件好事

　　B. 外国的事与我们没有任何关系

　　C. 对于学习外国的东西比学习本国的东西更有兴趣

（18）假如自己被登报了，你会（　　　）。

　　A. 有点自豪，但总体不以为意

　　B. 很高兴，想让朋友也看看

　　C. 完全不感兴趣

（19）为了给人留下好印象，你会（　　　）。

　　A. 想方设法，并花一定时间考虑计划

　　B. 不特意去做，但有机会就利用

　　C. 完全按照别人的喜好来行事

（20）你赞成下面哪一种说法?（　　）

　　A. 只要是正确的，就坚持，不怕打击，敢于被孤立

　　B. 矛盾尖锐时，可以在某些方面让步

　　C. 尽量求和平，不要发生冲突

[解析]态度越积极，就表明你的适应能力越强。表现最积极的选项为3分，次积极的选项为2分，不积极的选项为1分。如果你的得分为40—60分，就表明你的适应能力很不错;得分为20—40分，就表明你的适应能力尚可;得分为20分以下，则表明你的适应能力还需要大力加强。

二、目标管理能力测试

下面的测试题,请根据自己的实际情况回答。

(1)有经常反思自己所作所为的习惯。　　　　　　　A. 是　　B. 否

(2)经常出于战略上的考虑而更改计划。　　　　　　A. 是　　B. 否

(3)能经常注意他人的各种反应。　　　　　　　　　A. 是　　B. 否

(4)认为解决问题是实现目标的第一步。　　　　　　A. 是　　B. 否

(5)能经常思考对策,扫除实现目标过程中的障碍。　A. 是　　B. 否

(6)对待工作一丝不苟。　　　　　　　　　　　　　A. 是　　B. 否

(7)习惯在行动之前制订计划。　　　　　　　　　　A. 是　　B. 否

(8)能严格约束自己的行动。　　　　　　　　　　　A. 是　　B. 否

(9)无论何时何地,都能有目的地行动。　　　　　　A. 是　　B. 否

(10)临睡前会筹划明天要做的事情。　　　　　　　A. 是　　B. 否

如果回答"是"的超过7个,则表明目标管理能力较强。

三、职业学习能力测评

下面的测试题,请根据自己的实际情况勾选相应选项。

(1)处在陌生的环境中,不知道的感觉会让我感到非常焦虑。　A. 否　　B. 是

(2)我经常探寻新的途径以改善自己的生活。　　　　　　　　A. 否　　B. 是

(3)我每天会读书、看报、上网。　　　　　　　　　　　　　A. 否　　B. 是

(4)我看书时会随时记下感想。　　　　　　　　　　　　　　A. 否　　B. 是

(5)我常会看到麻烦问题背后的机遇。　　　　　　　　　　　A. 否　　B. 是

(6)我会定期检验、监督自己是否已达成目标。　　　　　　　A. 否　　B. 是

(7)我时常会给自己留一点时间自由想象。　　　　　　　　　A. 否　　B. 是

(8)我能够很容易发现其他人的优点。　　　　　　　　　　　A. 否　　B. 是

(9)我至少有一本书(一篇文章或一部电影)是自己非常喜欢的。　A. 否　　B. 是

(10)我常会努力寻找有没有更好的解决方法。　　　　　　　A. 否　　B. 是

(11)我很怕在实践自己的想法的过程中遇到麻烦,被别人笑话。　A. 否　　B. 是

(12)如果工作遇到阻碍,我会咬牙坚持,直到问题圆满解决。　A. 否　　B. 是

(13)完成一项工作之后,我很快又会为自己设立新的目标。　A. 否　　B. 是

(14)没有什么事情比看到自己的想法成为现实更令我兴奋了。　A. 否　　B. 是

(15)不管周围的人怎样,自己认为有价值的事,都会尽力去做。　　A. 否　　B. 是

(16)我很享受了解新信息、及时了解网络新流行语的感觉。　　A. 否　　B. 是

(17)我常会和别人讨论对社会事件的看法。　　A. 否　　B. 是

(18)我经常去看自己感兴趣的事情的最新发展。　　A. 否　　B. 是

(19)当别人讲述反对的观点时,我会无法控制自己的烦躁。　　A. 否　　B. 是

计分方法:

请先把勾选的地方按顺序用线连接起来,看看线的形状是什么样的。接下来计算一下分数,上题中"否"计0分,"是"计1分,请累计得分。

评价标准:

A. 直线,得分在11—16分之间,恭喜了! 说明你主动、乐观,学习适应力与同龄人相比处于较高水平,保持就好,坚持下去会有绝佳的表现。

B. 小波动折线,6—10分和17分以上,说明你的学习适应力处于较高水平,但需要略做调整,以取得更大的成绩。

C. 大波动折线,5分以下,则需要对自己的学习意识、学习动机、学习习惯、学习方式进行梳理,做适当调整,才能使自己尽快成长。

四、职业沟通能力测评

请阅读下面的题目,并根据自己的实际情况回答(填写"是"或"否"):

(1)我尽量少下达书面指示,多与下属直接交流。　　　　　　　　(　　)

(2)我会定期与每个下属谈话,讨论其工作进展情况。　　　　　　(　　)

(3)我每年至少召开一次总结会,表扬先进,鞭策后进,同时广泛征求群众意见,让大家畅所欲言。　　　　　　　　　　　　　　　　　　　　　　　(　　)

(4)我经常召集部门会议,既讨论工作问题,又探讨一些大家共同感兴趣的问题。

　　　　　　　　　　　　　　　　　　　　　　　　　　　　(　　)

(5)当单位内出现人事、政策和工作流程的重大调整时,我会及时召集部下开会,解释调整的原因及这些调整对他们今后工作的影响。　　　　　　　　　　(　　)

(6)我经常鼓励下属畅谈未来并帮助他们为自己规划职业生涯。　　(　　)

(7)我经常召集"群英会",请员工为单位经营出谋划策。　　　　(　　)

(8)我喜欢在总经理办公会上公布本部门的工作进展,以求得其他部门的合作和支持。　　　　　　　　　　　　　　　　　　　　　　　　　　　　(　　)

(9)我在与人谈话时喜欢掌握话题的主动权。　　　　　　　　　　(　　)

(10)我鼓励员工积极关心单位事务,踊跃提问题、出主意、想办法。(　　)

(11)我喜欢做大型公共活动的组织者。　　　　　　　　　　　　（　　）

(12)我常在部门内组织协作小组,提倡团结协作精神。　　　　　（　　）

[解析]（答"是"得1分,答"否"得0分）

8—12分:表现得很好,善于与他人,尤其是与下属交流情况,促进互相了解,因此能避免各种由于沟通不足所产生的问题。在原则问题上,既善于坚持并推销自己的主张,又能争取和团结各种力量。自信心强,也能得到下属的信任,整个部门中充满着团结协助的气氛。

4—7分:比较重视将自己或上级的命令向下传达,但不太注重听取下级的意见,认为众口难调,征求意见只会使问题复杂化。因此在部门内,虽然各项任务都能顺利进行,但下属的意见不受重视。

0—3分:由于对交流能力的重视不够,导致自己离优秀管理者尚有一段不短的距离。要知道,作为一名管理者,你有责任主动将充分的信息传达给下属,而不是让他们自己千方百计地寻找信息。

参考文献

[1]董美彤.公安边防转制军人职业适应性的整合性沙盘游戏干预研究[D].大连:辽宁师范大学,2020.

[2]任占忠,陈永利.大学生职业适应指导[M].北京:北京交通大学出版社,2013.

[3]任占忠,熊义志.大学生职业适应力拓展[M].北京:北京交通大学出版社,2013.

[4]任占忠,杨扬.本土化职业适应指导体系探析[J].就业指导,2013(10):3-8.

[5]王荣秀,杨生明,陈晨.基于能力导向的职业院校学生COMET职业能力测评命题方法研究[J].广西教育,2019(9):190-192.

[6]徐瑜.退役士兵安置存在的问题及对策研究:以山东省G市为例[D].青岛:青岛大学,2019.

[7]邹学家.社会适应力[M].北京:北京理工大学出版社,2016.

推荐阅读书目

1. 巴巴拉·明托,《金字塔原理》,民主与建设出版社,2002年

2. 史蒂芬·柯维,《高效能人士的七个习惯》,中国青年出版社,2011年

思 考 与 练 习

1. 在了解了九维职业适应力之后,你认为最重要的维度是哪几个? 能否说出这几个维度的重要之处? 在事业起步初期,自己在哪几个方面存在不足呢? 可以和父母、公司前辈等一起探讨这几个问题,交换意见。

2. 请按照甘特图法,对近期即将推进的一个学习计划或工作项目进行甘特图绘制,并在推进过程中及时更新计划甘特图,直至计划结束。你可以每天将过程导出,在社交平台上打卡。试试看你能不能改掉拖延的习惯,按时保量地完成这项任务。

第六章

退役军人专业技能适应

在某交通运输集团正式上岗了几个月后，磕磕碰碰中毕俊营的专业检修水平比刚来时提升了不少，他对检修工作流程也越来越熟悉了。但是让他百思不得其解的是，几个大大小小的项目到部门来找人参与，不管他怎么积极表现，总是没他的份儿，反而几个学历不高的老师傅成了人见人爱的香饽饽，同时在几个项目中忙得团团转，这让他又上火又不服气。

有天晚上加班，毕俊营到食堂准备加个餐，正好部门领导李经理也在，两人就坐在一张桌子旁边吃边闲聊。他瞅准机会，向李经理表态希望参与项目好好锻炼一下。李经理语重心长地对他说："俊营啊，你在我们部门也干了这么久了，兢兢业业、踏踏实实的，我们都看在眼里，对你的工作态度相当认可。不过要参与项目，还得真有几样别人代替不了的绝活儿，至少得是咱们部门里的'大咖'。你觉得现在有哪样本领这么过硬了？"

这句话让毕俊营一时语塞，因为他确实不敢夸这个海口。李经理看出他的心思，又鼓励他："部门那几个学历不高的老师傅，虽然不像你们汇报时说得一套一套的，但机器设备的疑难杂症到他们手里，就是能迎刃而解。这就是他们的厉害之处，值得你们年轻人好好学习！"

毕俊营点点头，李经理又提醒他："年底前集团要进行一次聘岗，有个主管的岗位，我觉得你可以试一试。不过如果检修手艺不精，即使当了主管，大家也不会那么配合工作的。所以希望你再接再厉，把专业水准再提升一个档次。我们非常看好你啊，可不要让我们失望。"说完就离开食堂，毕俊营忙不迭地谢谢李经理，内心却喜忧参半——喜的是一分辛苦一分收获，升职加薪的机会就在眼前；忧的是怎么快速提高手艺，那些老师傅应该不会轻易教给自己吧？

好不容易熬到下班，毕俊营赶紧开车去把老大哥丁新成接了出来，准备利用路上的时间请教。听到毕俊营的忧虑，丁新成没有直接回答，而是出题："还记得熟能生巧的故事不？"

毕俊营得意地回答："我中学语文可是一霸！卖油的老人确实厉害啊，他在葫芦口放上一枚铜钱，高高地举起勺子倒油，倒下去的油像一条线一样穿钱眼而过，铜钱上居然一点油也没沾上。"

丁新成拍拍手："给你手动点赞！这卖油的老人用现在的话说，就是专业技能'杠杠的'。你们领导确实在点拨你，想要抓住升职的机会，就得在专业技能上再进一步，否则真的会让大家笑话。光说不练的,从前叫天桥把式,现在叫PPT。你不用着急,听我慢慢跟你分析……"

第一节

概述

让不同的人从事相同或类似的职业及岗位时,他们的表现会不同;让同一个人从事不同的职业及岗位时,表现也会有差异。这是因为每种职业,细化到每一个岗位,都需要与职位匹配的不同的专业技能。例如,管理层需要有协调管理能力,销售岗位需要掌握销售技巧和销售心理学知识。

只有专业技能适应职业及岗位,才会有出色的表现。因此,职场人士必须拥有符合职业与岗位要求的专业技能,把工作做好、做精、做强,才能在工作中脱颖而出,获得更多的发展机会。

● 专业技能适应知识基础

每种职业和每个岗位,都具有一定的复杂性、专业性与特殊性,故而需要多种不同的技能。例如,按照不同的性质和难度,检修有电气检修、机械检修、汽车检修、设备检修这几类较为常见的检修,也有如动车检修、热控检修等技术含量更高的检修。

设备检修的初级技能要求如表6-1所示。

表6-1 检修初级技能要求

职业功能	工作内容	技能要求
一、工具仪表的使用及维护	(一)使用维护常用工具	1. 能正确使用台钻、电钻、砂轮、锉刀、手锯等钳工用的基本工具 2. 能正确维护上述常用工具
	(二)使用维护仪表、仪器	1. 能正确使用千分尺、游标卡尺、万能角度尺、游标高度尺、百分表等仪器仪表 2. 能正确维护上述仪器仪表
二、检修及调试	(一)检修压机设备	1. 能够正确更换液压油及清洁过滤网 2. 能够清理立柱表面及柱塞,能够润滑滑块 3. 能够调整油缸压力 4. 能够排除漏油故障

续　表

职业功能	工作内容	技能要求
	(二)检修取坯设备	1. 能够正确调整真空压力 2. 能够正确更换液压油及清洁过滤网 3. 能够正确润滑齿轮、齿条、滑块导向杆 4. 能够调整皮带输送机张紧装置 5. 能够排除传送带跑偏故障 6. 能够排除传感器误报警故障
	(三)检修刷毛刺设备	1. 能够正确调整刷毛刺速度 2. 能够正确调整气路压力 3. 能够正确润滑齿轮、链条 4. 能够调整皮带输送机张紧装置 5. 能够排除传送带跑偏故障 6. 能够排除传感器误报警故障
	(四)检修机械手设备	1. 能够正确调整机械手原点位置 2. 能够正确调整机械手速度 3. 能够正确润滑齿轮、齿条、丝杆 4. 能够调整皮带张紧度 5. 能够排除传感器误报警故障
三、维护与保养	(一)维护压机设备	能够定期进行压机设备的维护与保养
	(二)维护取坯设备	能够定期进行取坯设备的维护与保养
	(三)维护刷毛刺设备	能够定期进行刷毛刺设备的维护与保养
	(四)维护机械手设备	能够定期进行机械手设备的维护与保养

看到这么详细多样的技能要求,估计不少职场菜鸟要晕头转向了。那么,怎样突出重点、迅速达到岗位要求呢?那就需要根据这些技能对于完成职业和岗位实际工作要求的不同作用,将它们分为核心技能和附加技能。

所谓核心技能,就是完成岗位工作必不可少的技能。判断核心技能的方式主要有两种:一是看高手到底是凭什么绝活"高人一等",或者"一招鲜吃遍天"。可以在日常工作中仔细观察,或请教老师傅,比如问他们最佩服高手的哪一点。二是看职业资格证书的要求。一般来说,职业资格考试提出的要求,都是业内专家千锤百炼的结果,具有极高的科学性与合理性。初级证书和高级证书共同要求的,或者高级证书比中级证书要求提高的,大多是核心技能。比如,想要获得电气维修证书,首先需要取得电工证。电工有四张证书:特种作业操作证、电工进网作业许可证、职业资格证书、建筑施工特种操作资格证。这些证书中涉及的技能,大多是核心技能。

所谓附加技能,就是辅助核心技能、更好完成岗位工作的技能。比如,检修岗位的从业者可以根据涉及的岗位需要,考取汽车维修证等与实际工作有关的证书,这不仅可以提高自身职业技能,也可为今后职业转变等拓宽道路。此外,拥有出色的英文能力可以了解国际最先进的技术要求,有助于提升个人的职业技能。

像毕俊营一样职业生涯刚刚步入正轨的退役军人,更要抓紧时间,有针对性地提升核心技能,在力所能及的情况下提高附加技能。只有这样稳扎稳打,才能以过硬的专业技能实力,开创光明的职业道路。

第二节

常见专业技能适应问题

由于成长经历的特殊性,在专业技能适应方面,大部分退役军人存在一些不同于其他职场新人的问题,可能需要更多的时间和方法去适应。本章将对问题的成因、表现和后果进行一一阐述,便于退役军人们对号入座,对标改进。

一、退役军人常见专业技能适应问题

根据对376名退役军人的问卷调查数据,有79%的退役军人可以较好地掌握专业技能,但也有19%的退役军人表示对专业技能的熟练度有所欠缺,具体数据如图6-1所示。

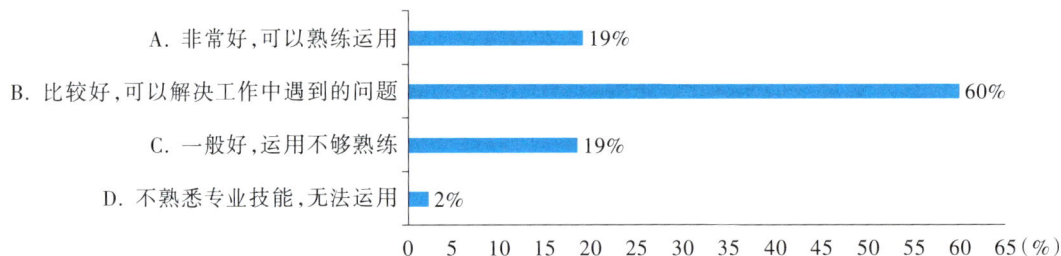

图6-1 退役军人专业技能掌握情况

关于基本技能,有75%的退役军人表示可以较好地掌握,说明他们能够达到岗位的基本要求。但也有25%的退役军人掌握基本技能存在障碍,较难适应岗位的要求。具体数据如图6-2所示。

A. 非常好,上手很快,可以熟练掌握运用　21%
B. 比较好,短时间内可以熟练掌握　54%
C. 有些困难,需要花费较长时间了解、学习　21%
D. 信心不足,很难掌握岗位对应的基本技能　4%

0　5　10　15　20　25　30　35　40　45　50　55　60(%)

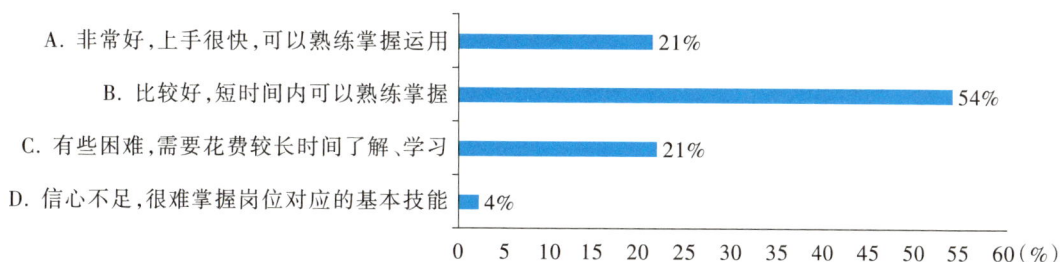

图6-2　退役军人岗位对应的基本技能掌握情况

关于核心技能,有54%的退役军人表示对核心专业技能适应较为熟练,23%的退役军人表示达到了快速上手、熟练操作的程度,说明他们的基础扎实、适应性强。但仍有20%的退役军人需要花费较长时间了解、学习,甚至有3%的退役军人觉得很难掌握,无法胜任岗位。具体数据如图6-3所示。

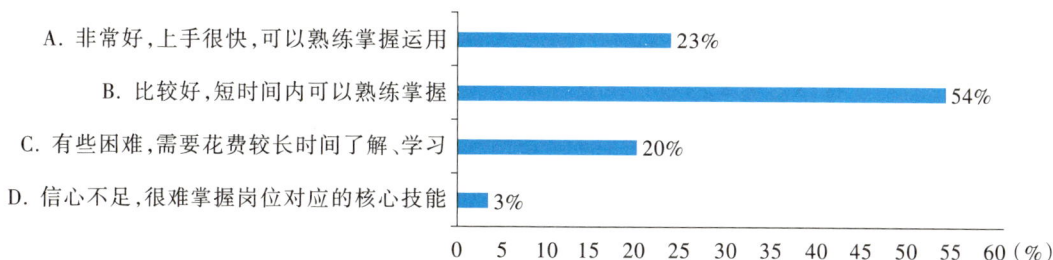

A. 非常好,上手很快,可以熟练掌握运用　23%
B. 比较好,短时间内可以熟练掌握　54%
C. 有些困难,需要花费较长时间了解、学习　20%
D. 信心不足,很难掌握岗位对应的核心技能　3%

0　5　10　15　20　25　30　35　40　45　50　55　60(%)

图6-3　退役军人核心专业技能掌握情况

关于附加技能,有76%的退役军人能够较为熟练地掌握,但也有20%的退役军人有些困难,需要花费较长时间学习、了解,甚至有3%的退役军人不了解岗位对应的附加技能。具体数据如图6-4所示。

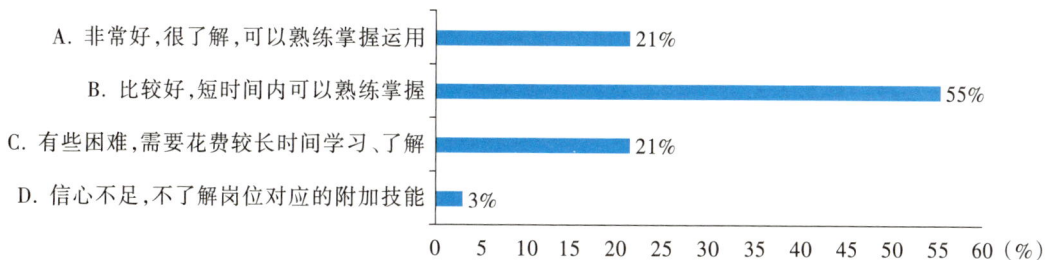

A. 非常好,很了解,可以熟练掌握运用　21%
B. 比较好,短时间内可以熟练掌握　55%
C. 有些困难,需要花费较长时间学习、了解　21%
D. 信心不足,不了解岗位对应的附加技能　3%

0　5　10　15　20　25　30　35　40　45　50　55　60(%)

图6-4　退役军人岗位对应的附加技能掌握情况

虽然上述数据较为乐观,但反映的主要是退役军人的主观感受,与用人单位的客观评价还有一定的差异。总体而言,大部分用人单位希望退役军人能够更快地提升专业技能,达到更好的绩效,以不辜负他们出众的综合素养。而且综合上述四组数据来看,专业技能等水平不佳的退役军人大多是同一群人,是迫切需要培训或转换岗位的人。另外,还有涉及专业技能长远发展的问题,值得退役军人重视甚至警惕。

1. 缺乏职业技能规划能力

从部队到地方,从"服从就是天职"到"创造性地开展工作"的职业要求,需要退役军人及时进行专业技能转换。为此,要根据自身的优劣势,制订适合自身职业发展的职业生涯规划,并有重点有节奏地提升专业技能。但很多退役军人缺乏主观能动性,忽视了专业技能的自我开发和管理能力。

2. 技能培训方向不明

由于退役军人对当下市场的技能需求不甚了解,在选择培训技能方向时产生脱节,选择一些已经"过时"的技能培训。结果在取得技能证书后,发现这一技能的社会发展并没有想象中那么好,白白浪费了时间和机会,也给职业发展之路造成了障碍。

也有一些退役军人在选择技能培训时,没有结合自己的职业发展规划,随波逐流,哪个技能培训的参加人数多就去参加哪个,也没有针对自身技能优势和职业规划进行技能提升,致使学到最后没有得到期待的回报。

二、问题成因

退役军人的特殊性,导致其专业技能适应上出现了一些特有的问题。任何问题的出现都有其相应的原因,在退役军人专业技能适应上,我们总结出以下几个原因,供各位退役军人比较思考:

1. 自身职业发展定位不清晰

退役军人在退役重返社会后,会再次进入曾经的朋友圈,有的难免有攀比心理。退役军人曾经是保家卫国的钢铁战士,对军人身份的自豪感会让退役军人有好强的心理,觉得自己不能比别人差。因此,他们在个人职业发展中,常常会因为好强好胜的心理,对工作的期望值过高,忽视自身职业发展的优势和不足。比如,一味地选择别人眼中的"好"工作,没有制订一个适合自身、稳扎稳打的职业发展规划。

在踏上岗位后,有的退役军人会因为自视甚高或眼高手低,不愿意做一些基层的工作,只愿意干一些看起来很"体面"的工作,缺乏正确的劳动价值观;要不就是嫌弃"工资低""工作多""活儿累"等,进而无法在一个岗位上长期发展,导致频繁跳槽。

2. 专业技能竞争意识不强

退役军人本身学历基础没有太大优势,大多也不知道怎样高效提升专业技能,他们希望能够有更长的缓冲期让自己慢慢适应。但是在这个竞争社会,每个人都在不断提升自我、努力学习,在岗位上不积极争取怎么能取得进步?

三、可能后果

由于上述专业技能问题,部分退役军人在面对工作上遇到的专业难题时,常常会表现出没有自信,怀疑自己是否有能力做好。长此以往,不仅养成了在职场中缩手缩脚的习惯,也因对自己专业能力不够自信,不敢挑大梁、担大任,错失锻炼自身、展示自我的机会,最终导致职业发展缓慢,甚至缺乏上进心。

更加值得担忧的是,随着人才大量涌入市场,职业技能门槛不断提高。绩效考核也越来越严格,如果在专业技能方面无法跟上竞争的节奏,绩效考核年年垫底,在单位里很快就会被边缘化。

因此,每一位退役军人都要认识到专业技能对个人、对职业、对社会发展的重要作用,抓住每一次机会,提高自身的科学文化素质和劳动就业技能,将在部队永争第一的劲头带入工作中。退役军人也不必担心自身的学习能力,只要拿出在部队练兵一样的劲儿,持之以恒地钻研,就会看到明显的成效。

第三节
专业技能适应方法

专业技能提升的方法很多,针对退役军人的专业技能适应问题,建议采用本章的职业胜任力提升方法。

一、职业胜任力模型

1. 冰山模型

1973年,美国哈佛大学教授麦克利兰在其论文《测量胜任力而非智力》中首次提出"competency"这一概念,翻译成中文就是"胜任力"。职业胜任力的概念是指人们从事某种职业或工作,能够符合组织绩效目标的要求,同时又能够促进自身职业生涯发展所应具备的各种知识、技能、心理和行为特征的集合。麦克利兰就职业胜任力所建立的冰山模型如图6-5所示。

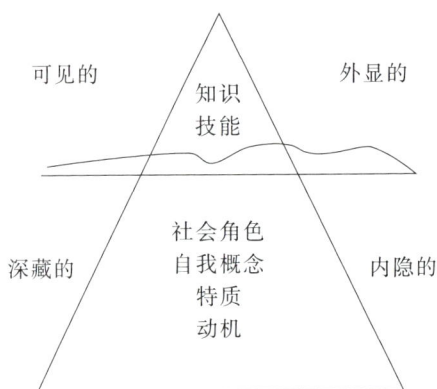

图6-5　冰山模型

　　麦克利兰的冰山模型将六个特征分成了内外两个部分,对应冰山以上部分和冰山以下部分。知识和技能是较为容易考核和量化的部分,被划归为"可见的""外显的"冰山以上部分;社会角色、自我概念、特质、动机这类融于个体内在、不能够完全通过测试感知量化的特征,被划归为"深藏的""内隐的"冰山以下部分。

　　"可见的""外显的"冰山以上部分和"深藏的""内隐的"冰山以下部分的区别不仅仅在于便于测量,也在于是否可以通过后天培养得以提高。冰山以上的两部分是便于提高的,是从业者的基础素质,相当于我们说的"敲门砖"。冰山以下的四部分则是不易于后天培养的,是经历个体遗传、成长环境和生活习惯长时间形成的,也是拉开从业者差距的关键因素。

2. 洋葱模型

　　博亚特兹在冰山模型的基础上又深入研究出了洋葱模型(图6-6),将六个特征分为了

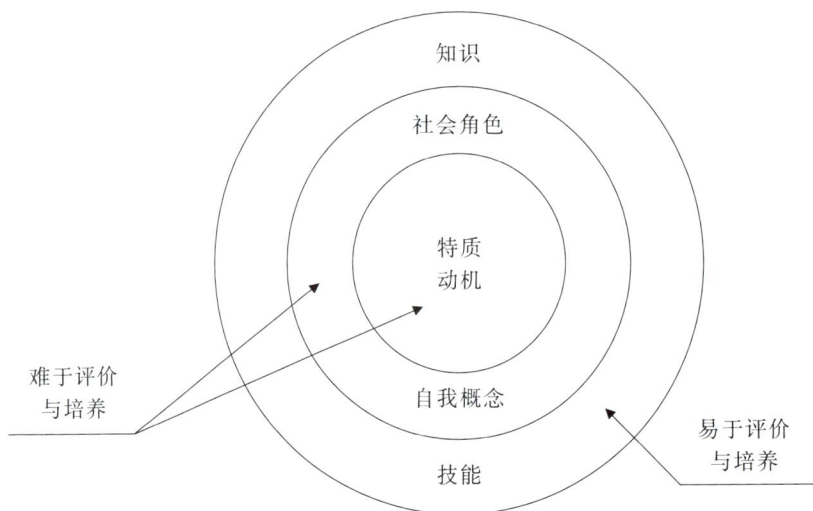

图6-6　洋葱模型

三个层面,由上下分层的结构变成了层层包裹的结构。其中,最外层的是知识和技能两大特征,对应冰山模型的外显层;社会角色和自我概念处于中间层,特质与动机处于最内层,这两层对应冰山模型的内隐层。洋葱模型在表现上更为明确,由外至内,特征越来越难测评,越来越难培养出来,且也越来越重要。

国内学者彭剑锋认为,职业胜任力是指驱动一个人产生优秀工作绩效的各种个性特征的集合,它通过不同方式表现出了个人的知识、技能、个性特征与内驱力等。具体内容如表6-2所示。

表6-2 职业胜任力要素表

知识	它是指个体为了顺利完成自己工作所需要理解的东西,如专业知识、技术知识或商业知识等,包括员工通过学习和以往的经验所掌握的事实、信息和对事物的看法
技能	它是个体掌握和运用专门技术的能力,指员工为实现工作目标利用自己所掌握的知识而需要的技巧,是一个人在具体工作岗位上的表现的直观反映
社会角色	它是指与个体的某种社会地位、身份相一致的一整套权利、义务的规范与行为模式,是个体对社会规范的认知与理解,是在个体态度与价值观的基础上形成的行为方式与风格
自我概念	它是指个体对自己的知觉和评价,即内在自己认同的本我,能够对自己的思想和行为进行自我控制和调节,可以有效监控个人的行为方式
特质	它是指个体区别于他人的,在不同环境中表现出来的相对稳定的特征及典型的行为方式,制约着个体的行为倾向
动机	它是促使个体向着某一目标前进的内在驱动力,决定了个体的外显行为,具有稳定的特性

胜任力模型可以被用来鉴别绩效优异者和绩效一般者的工作动机、特质、技术水平和能力,也可以被用来区分特定工作岗位和管理层级所需要的行为特征。胜任力模型在"人—职"匹配的基础上,更为深入地考察"人—职—组织"的匹配度。它不单单是一种技能,而是根据不同的职位要求,结合个体的多样性,由多种胜任力组合而成的。

胜任力模型是目前人力资源管理与开发实践的重要测评基础,与职场人士的职业发展等有着直接联系。对于特定的职业和工作而言,职业胜任力为个人的职业选择和规划提供了明确的标准和方向,对提升个人职业竞争力和专业技能有极大的好处。

二、专业技能重点提升方向

基于职业胜任力,退役军人可以选择自己的专业技能重点提升方向。

1. 职业技能胜任阈模型

职业技能层次的提高,需要从专业技能的深度和广度两个方面进行。职业技能胜任阈模型(图6-7),能够帮助职场人士判断个人职业能力能否达到组织对个人职业能力的要求。

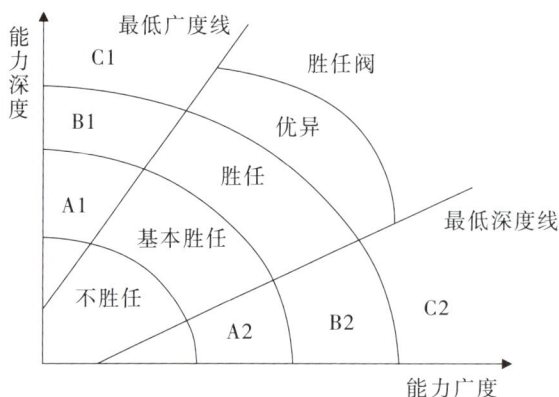

图6-7　职业技能胜任阈模型

图中A1、B1、C1是组织对个人职业技能要求的最低广度线,A2、B2、C2是组织对个人职业技能要求的最低深度线。最低广度线和最低深度线之间的范围,就是个体的职业技能胜任阈。

下面根据个体和职业的不同要求,以数字和图表结合的形式,介绍胜任力提升的方向(图6-8)。

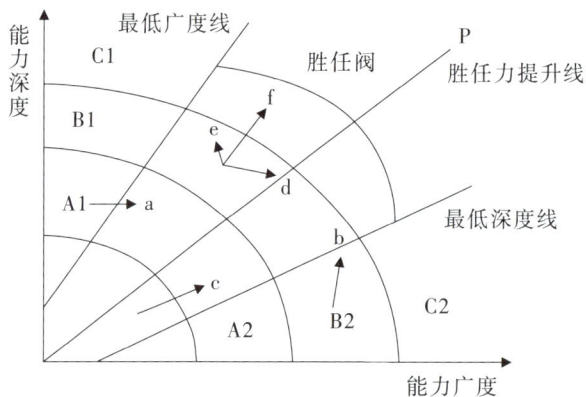

图6-8　职业技能胜任力提升图

图中a、b、c、d、e、f六个字母分别代表六种不同的职业胜任力提升情况,其中a、b、c属于可以通过培训获得的职业技能胜任力,d、e、f表示对应的职业技能胜任力的层次提升。a表示通过拓展知识与能力的广度而使不胜任者达到基本胜任的要求,b表示通过提高知识与能力的深度而使不胜任者达到胜任的要求,c表示通过在拓展知识与能力广度的同时提高知识与能力的深度而使不胜任者达到基本胜任的要求,d表示对胜任者进行知识与能力广度的拓展,e表示对胜任者进行知识与能力深度的提升,f则表示通过知识与能力广度的拓展和深度的提升,将胜任者提升到优异的水平。

针对上述六个方面,主要有两种提升类型:胜任培训和胜任力层次提升(如表6-3)。

表6-3　职业技能胜任力提升需求及方式选择

职业技能胜任力层次	职业技能胜任力提升类型	提升目的	提升需求	主要提升方法
不胜任 ↓ 基本胜任	胜任培训	弥补胜任力广度、深度不足	胜任力拓展 胜任力提升	业务培训、学历教育、实践锻炼
		弥补胜任力广度不足	胜任力拓展	初任培训、任职培训、知识更新、实践锻炼
		弥补胜任力深度不足	胜任力提升	专题培训、学历教育、知识更新
胜任 ↓ 优异	胜任力层次提升	同一层次内拓展胜任力广度	胜任力拓展	知识更新、实践锻炼
		同一层次内提升胜任力深度	胜任力提升	专题培训、学历教育
		从胜任提升到优异	胜任力拓展 胜任力提升	专题培训、学历教育、实践锻炼

2. 职业胜任力全面提升

在职业胜任力模型中,"深藏的""内隐的"技能特征为社会角色、自我概念、特质和动机,与工作中的行为和绩效有着高度的因果关系,与个人的遗传基因、大脑特质、生活和成长环境有关,对个人的职业素质提升有着潜移默化的影响。"可见的""外显的"技能特征为知识和技能,可以通过一定的培训方式得以提升,但无法区分专业技能高低者的差距。两大模型都认同的是,与知识和技能相比,社会角色、自我概念、特质和动机更为重要。

因此,要想显著提升职业胜任力,比提升知识和技能更加重要的是,从社会角色、自我概念、特质和动机四个方面全面改善。这也是长期、稳定提升知识和技能的基础,要求职场人士对职业规划、自我期望等方面做出全方位的审视和调整。

下面以毕俊营的检修岗位为例,说明如何改善这四个方面。毕俊营具备了一定的专业技能基础,比如从小就对扳手、起子这些工具感兴趣,在部队时也经常帮着修理小家电,还跟着部队汽车维修工学了一段时间。退伍后他又参加了退役军人技能培训,跟着专业老师学习了基础机械检修。

但是,他在知识方面有所欠缺。他在入伍前没有接受过与检修岗位相应的系统教育,对于像公司大型设备设施的结构、性能、特点和维修保养方法等专业基础知识都知之甚少。在检修设备的时候,他可以说出哪里有问题,但一到要用图纸时,就不够熟练了。

为了全面提升胜任力,他需要四根支柱一起夯实。

首先,在社会角色方面,他要以检修岗位为荣,明确自己的工作对于交通和人民生命财产安全的重要性,相信自己是社会系统正常运行的重要角色。

其次,在自我概念方面,以检修人员的要求规范自己,严格遵守单位的检修人员守则和其他各种规章制度。换言之,不要过于强调"小我",而是要在岗位和工作中成就自我。

再次,在职业特质方面,检修岗位要求人员必须在短时间内发现问题并做出处理,不能影响公司的生产进度。面对机器设备出现的问题,他要做好预判,要知道采用什么办法可以在最短时间内处理好问题,并在确保自身安全的同时完成检修。每做完一次检修,他都要对细节进行复盘,肯定自己的能力,正视自己的缺点。他要继续发扬在部队中培养的胆大心细、抗压能力强、吃苦耐劳等优秀品质,体现自我。

最后,在动机方面,他要根据职业规划,提高奉献动机和追求职业成就的愿望,通过实现职业目标来获得人生的幸福。

只要做到上述四个方面,毕俊营的胜任力就能全面提升,专业技能也会顺理成章地精进。

三、职业技能训练环

如果说胜任力的重点是改进方向,那么职业技能训练环——TMNRP环(图6-9)就是具体的操作方法。

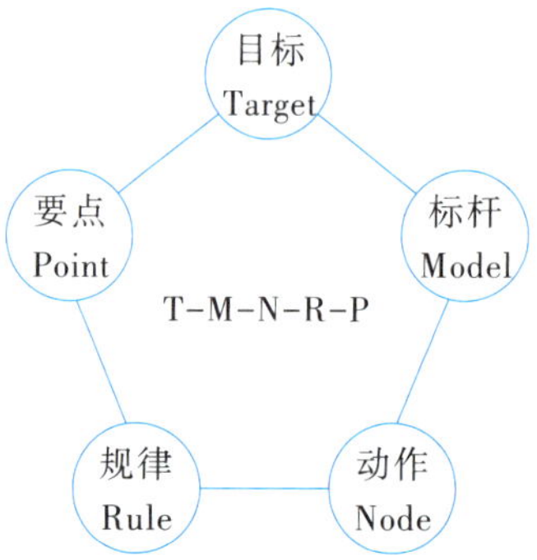

图6-9 职业技能训练环——TMNRP环

TMNRP环是通过目标锁定,在观摩、训练、顿悟、升华中形成的技能训练方法。围绕目标(Target),树立标杆(Model),分解动作(Node),探寻规律(Rule),升华凝练出要点(Point),勤学苦练,最终实现目标技能的获得。

TMNRP环强调,任何技能都是在勤学勤练的基础上,通过对技能的剖析,提炼出技能核心点,找寻技能间的规律,从而形成自身的技能构建体系而获得的。退役军人要学别人所学不会的,想别人所想不到的,持之以恒,把任何事都做到极致。换言之,要依靠这种"做有思想的匠人"精神,在职业技能提升方面独树一帜。

通常新人在进入组织后,领导都会安排一位师傅指导新人工作。师傅一般都是本岗位或本部门中的熟手,对专业技能以及岗位要求都烂熟于心,了解行业风向,并且凭借技能在工作上取得了一定的成绩。作为职场新人的退役军人,应当谦虚地多向师傅请教,了解师傅的职业技能提升之路,以此作为榜样,运用TMNRP环不断进步。像毕俊营这样处于职业快速发展阶段的退役军人,需要用科学的方法论进行指导,以节约时间成本,实现弯道超车。

四、获取职业相关证书

除上述三种方式外,获取职业相关证书也是一种行之有效的方式。这类证书等级划分合理,从普通的操作工到高级工程师,乃至特种工作资格都有涉及。退役军人完全可以在岗位上以其钻研技能,塑造工匠精神,做出辉煌成就。获取证书不仅能够带来官方认可,而且直接与待遇挂钩,何乐而不为呢?

经过一段时间的工作后,退役军人可以根据岗位要求,通过制订考取技能证书这个目标,进行系统性的学习。首先,可以利用强大的互联网,搜寻对应的技能证书名目。在专业学习网站,看看哪些大V的课程讲解适合自己。其次,可以请教身边的"大咖",比如老师傅或已经成功获得证书的前辈,看看什么学习方式最有效,从线上或线下培训中选取一个最能帮助自己学习的方式。也可以积极参与退役军人事务部门举办的技能培训班、单位开展的岗位培训、地方政府高校开办的短期培训课程等。最后,根据大V或"大咖"的推荐,对照专业技能证书的考试大纲,了解考试范围和知识考点,通过阅读专业技能书籍和勤加练习,不断提升自己的专业技能。

第四节

专业技能适应测评

无论是在处于专业技能适应的哪个阶段,个体都需要通过测评了解自己的实际水平。常见的测评方式是职业技能胜任力"四三二一"测评体系。

职业技能胜任力测评,是以胜任力特征识别、胜任力模型构建为基础和核心的人员测评理论和方法体系,是在确定某一特定职业或工作的胜任力特征和要求的基础上,综合运用现代测评工具对从业人员是否拥有足以胜任该职业和工作应有的知识、技能、心理和行为特征及未来发展潜力的综合测量与评估。想要全面准确地测评一个人的职业胜任力,就需要运用多种测评方法组合成为测评体系框架,即"四三二一"测评体系。

"四三二一"测评体系指通过四个数据库、三个环节、两个基本要求和一个原则对个体的专业技能胜任力进行全方位测评。四个数据库指的是职业专业胜任力模型库、测评方法库及题库、测评专家库和测评标准程序库。三个环节指的是职业胜任力测评的基础建设环节、测评实施环节和测评应用环节。两个基本要求指的是实施职业胜任力测评的标准化要求和专业化要求。一个原则指的是"人—职业—组织"匹配原则。"四三二一"测评体系各测评方法间的关系如图6-10所示。

在目前各企业讲求提质增效的人力资源大环境下,该测评体系被大量运用于职场绩效测评中,是选拔人才的常用方法,且可以因测评对象和测评目标的不同进行体系的拆分、重组,更具有针对性和系统效用性。

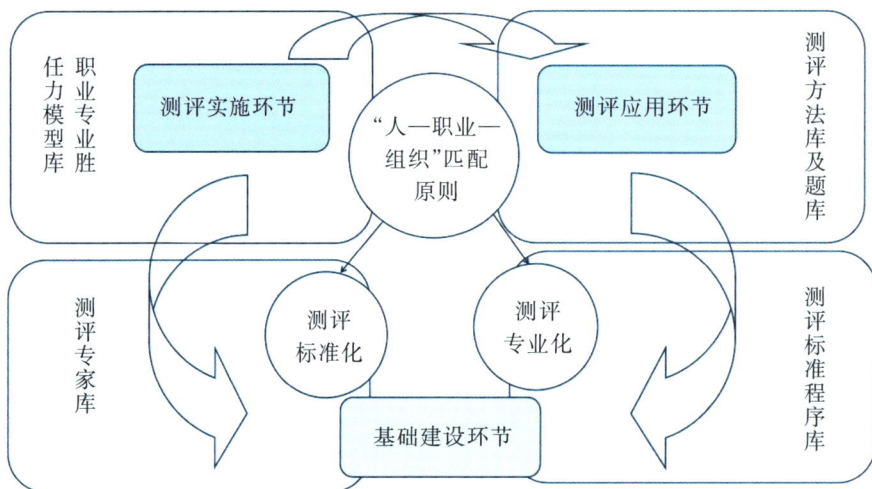

图6-10　职业技能胜任力测评"四三二一"测评体系框架

"四三二一"测评体系强调的是系统全面,通常由单位或专业机构组织完成。对于退役军人个人而言,可以从这个体系中选择自己需要的内容,在专业人士协助下进行针对性的测评,从而对自身的专业技能有更为全面深入的量化了解。

参考文献

[1]胡蓓,张文辉.职业胜任力测评[M].武汉:华中科技大学出版社,2012.

[2]李江.退役士兵就业问题的个案工作介入研究[D].太原:太原科技大学,2020.

[3]刘春宇.基于"1+X"证书制度的专业人才培养分析[J].现代交际,2021(5):7-9.

[4]刘东升.退役义务兵职业发展困境的野解:基于个案工作介入方法[D].南昌:江西财经大学,2019.

[5]任占忠,陈永利.大学生职业适应指导[M].北京:北京交通大学出版社,2013.

[6]王长利,张秋灵.加强退伍老兵技能培训[N].吉林日报,2010-11-28(3).

[7]于秀琴,仝震.行政职业能力开发与测评[M].北京:高等教育出版社,2014.

[8]张进辅.青年职业心理发展与测评[M].重庆:重庆大学出版社,2009.

推荐阅读书目

1. 雷恩·吉尔森,《选对池塘钓大鱼》,机械工业出版社,2004年
2. 付加术、陈小红、胡向梅,《工匠精神与职业素养》,中国农业科技出版社,2020年

思考与练习

1. 对于自己目前的岗位,你能说出哪些是核心技能、哪些是附加技能吗?请列出这些技能,并和有经验的人交流一下。

2. 在了解专业技能之后,你觉得自己在哪个方面最为缺乏?能否说出自己在专业技能上的优势和不足之处呢?可以和父母、公司前辈等一起探讨,交换意见。

3. 请根据职业胜任力模型,确定自己的专业技能重点提升方向,并制订技能提升计划和目标。

4. 咨询专业人士,从"四三二一"测评体系中选择一种自己迫切需要的专业技能进行测评,并根据TMNRP环进行对应的技能训练。

第七章

退役军人职业适应的多元协助

　　这天,毕俊营哼着小曲在公园慢跑,穿过一排排红桃碧柳,偶尔停下欣赏晶莹的河水,其中映照着蓝天白云和自己微笑的脸庞。

　　到了和丁新成约定的路口,见他也是整装待发的运动状态,两人便默契地一同向前跑去。丁新成有点跟不上毕俊营,就笑问道:"兄弟,你是春风得意马蹄疾,我这老胳膊老腿跟不上啦!对了,你微信里说有惊喜要分享,害得我一路猜测。到底是什么好事啊?"

　　毕俊营还想卖个关子:"对我来说,这惊喜有点大,准备待会再向你汇报呢!"

　　丁新成看着眼前鲜艳的桃花,假装眼红:"估计我现在就得攒钱准备红包了吧?!"

　　毕俊营兴奋地绕着一棵桃树跑了两圈,大笑起来:"丁大哥,你以为我和你一样帅得放光吗?算了算了,不假装矜持了,好事要不告诉你的话,我也憋得慌。昨天我们支部书记找我谈话了,准备让我当支部的宣传委员,算是领导的一种肯定吧!"

　　丁新成乐得一拍树干:"你这个惊喜应该庆祝一下,很可能是一系列惊喜的开头呢!"

　　毕俊营开心道:"丁大哥,上班这段时间,一路磕磕绊绊的,幸亏有你的助攻,给我的都是真经。不然,怎么可能工作越来越顺手,生活越来越顺心!"

　　丁新成谦虚地一摆手:"我哪有那么神奇?还是老弟你自己英勇善战嘛!"

　　毕俊营放慢脚步,和丁新成并肩跑到一座桥上。毕俊营的兴致更高了:"常说前途是光明的,道路是曲折的。咱们上班之后的这段时间,虽然道路有点曲折,但是能看到美景,又有兄弟相伴,曲折也很有意思嘛!"

　　不过他突然有点疑虑:"老兄啊,哪天你不能当我的精神支柱了,那可怎么办呀?你工作和家庭的事情越来越多,我也不好意思成天麻烦你啊!"

　　丁新成只是笑笑,没有吭声,带着他跑到一座亭子前,顺势说道:"千万别把我当成什么支柱,尤其是唯一的支柱。要像这亭子一样,至少有四根支柱才稳当!"

　　毕俊营困惑地打量了几眼亭子,问道:"到哪找这么多支柱?"

　　丁新成安然地坐到亭子里面说道:"咱们退役军人的支柱还不止四个呢!以后有了困难,找我没问题,另外还有很多获取协助的方式,愿意做你支柱的还有几个。且听我一一道来……"

概述

为退役军人提供多方位的协助,帮助他们更好更快地完成职业适应,继续在工作中实现人生价值,得到了各级政府和社会各方力量的高度重视。无论是希望提升职业适应的速度和水平,还是职业适应不理想时,退役军人都可以也应该寻找相应的协助,千万不要等到非常不适应时,才想起寻求协助。

具体来看,我国针对退役军人的协助主要包含五个层面:政府协助、社会协助、部队协助、单位协助和家庭协助。这五个层面互相联系、相辅相成,为退役军人的职业适应构建了强有力的支撑,其框架如图7-1所示。

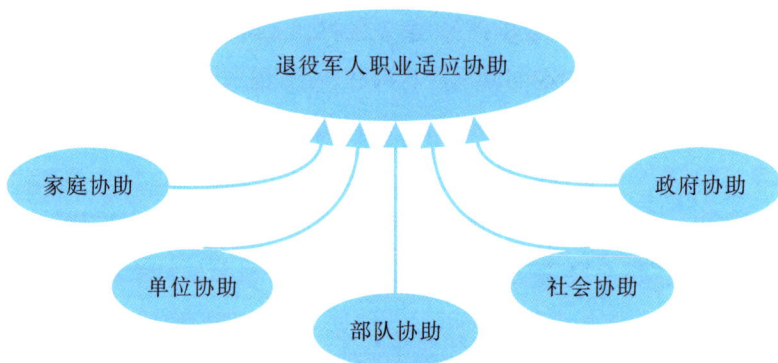

图7-1 退役军人职业适应协助框架图

政府协助

政府协助的主要方式是,通过出台退役军人协助的相关法律条文来维护退役军人的合法权益,保证任何机构、企业和个人不得侵害他们受到我国法律保护的应有权利。具体而言,政府从法律援助、资金协助、教育与培训协助等方面,对退役军人职业适应的协助工作做出了详细规定,在充分尊重退役军人个人意愿的基础上,尽可能地为他们提供工作和生活帮助,减轻他们的负担,帮助他们以更积极的态度面对生活和工作。

根据对376名退役军人的调查数据,超过65%的退役军人表示比较了解政府的协助方式及其作用,这表明多数退役军人清楚应当如何向政府寻求协助。然而值得担忧的是,仍有24%的退役军人只是有些了解,知道基本信息,甚至有11%的退役军人表示完全不了解政府协助方式及其作用,这表明有超过三分之一的退役军人对于政府协助仍然是模糊的,也很难得到相应的协助。这既需要管理部门加强相关协助政策的宣传力度,也需要退役军人自身提高获取政府协助的意识。具体数据如图7-2所示。

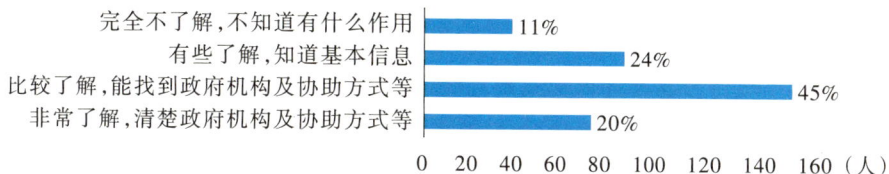

图7-2　退役军人对政府协助的了解状况

针对政府对退役军人职业适应方面的协助工作,下面将给出详细介绍。

● 相关机构及协助方式

1. 相关机构

主要是各级退役军人事务部门,上至中华人民共和国退役军人事务部,下至各级地方政府的退役军人事务局。

中华人民共和国退役军人事务部为国务院组成部门,该部内设九大机构,各机构职能涵盖退役军人生活与工作的方方面面。如就业创业司职责包括:拟定自主择业军队转业干部、复员干部、自主就业退役士兵就业创业年度计划并组织实施,组织开展就业创业促进和教育培训等工作,指导开展有关中介服务工作,组织协调落实退役军人社会保险等待遇保障工作。各级地方政府的退役军人事务局的机构设置和职能与此类似。

2. 协助方式

针对职业适应问题,退役军人可从退役军人事务部门获取的帮助主要包括法律援助和帮扶援助。

(1)法律援助

为切实维护退役军人的合法权益,有效解决退役军人的法律援助服务需求,很多地方政府提出了相应的便利或优先政策。比如,浙江省实现了退役军人法律援助在手机上一键申请的功能;贵州省针对军人军属申请法律援助的,要求法律援助机构优化办理程序,优先受理、优先审批、优先指派,践行"应援尽援、答疑释惑"的服务理念。对情况紧急的可以先行受理,事后补充材料、补办手续。对伤病残等特殊困难的军人军属,实行电话申请、邮寄申请、上门受理等便利服务,有条件的可以实行网上办理。

许多省军区(卫戍区、警备区)、军分区(警备区)、县(市、区)人民武装部也建立了军人军属法律援助工作站,部分有条件的军队团级以上单位也建立了军人军属法律援助工作站或者联络点。军人军属法律援助经费纳入财政保障范围,对属于法律援助范围的,应当一次性告知申请程序,指导当事人依法提出申请;对不属于法律援助范围的,应当告知有关规定,指引当事人寻求其他解决渠道。

申请对象:

所有退役军人。

申请方法:

法律援助可通过各地区军人军属法律援助工作站或联络点申请,或者在线申请。

(2)帮扶援助

考虑到部分处于择业或职业适应阶段的退役军人及其家属可能存在生活困难的情况,中华人民共和国退役军人事务部、民政部、财政部、住房和城乡建设部、国家医疗保障局联合印发了《关于加强困难退役军人帮扶援助工作的意见》,其中给出的主要帮扶援助方式有三种:

第一,提供资金援助。按照专款专用、科学公正、加强监管的原则,全面推行社会化发放,确保资金发放安全、及时、便捷、足额。必要时,可直接发放现金。

第二,提供实物援助。包括发放衣被、食品、饮用水、医药等生活必需品,部分生产资料,以及提供临时住所等。

第三,提供社会化服务援助。鼓励和引导公益慈善组织、社会工作服务机构、企业等社会力量,通过纳入慈善项目、发动社会募捐、提供专业服务、开展志愿服务等形式,给予多元化、个性化帮扶援助。其中纳入慈善项目、发动社会募捐是直接的经济协助,提供专业服务、开展志愿服务相当于减免经济负担。

申请对象:

退役军人,领取定期抚恤补助的"三属",有条件的地区可将现役军人父母、配偶、未成年子女纳入帮扶援助范围。

申请条件:

按照"普惠加优待"的原则,符合条件的困难退役军人、"三属"在充分享受社会救助政策的同时,对因以下五种情形导致生活陷入困境的,根据困难程度和现实表现,可以按规定申请帮扶援助:

退役军人因服役期间致残或因患有严重疾病等原因造成退役后本人就业困难,医疗和康复等必需支出突然增加超出家庭承受能力,导致生活出现严重困难的;

退役军人因服役时间长、市场就业能力弱等原因造成长期失业或突然下岗,导致生活出现严重困难的;

退役军人因旧伤复发、残情病情加重等原因,导致生活出现严重困难的;

退役军人、"三属"等因火灾水灾、交通事故、重大疾病、人身伤害、见义勇为等突发事件,导致生活出现严重困难的;

遭遇其他特殊情况导致生活出现严重困难的。

申请方法:

帮扶援助工作实行一事一批,按照个人申请、乡镇(街道)审核、县级审批的程序办理,做到公正公开,接受社会监督。

个人申请。一般由符合条件的对象本人书面向所在乡镇人民政府(街道办事处)退役军人服务站提出申请。没有单独建立服务站的,可向负责退役军人工作的工作人员提出申请。本人因行动不便、精神障碍等原因不能自行申请的,其监护人、家属、所在村(居)可代为提出申请。申请时应当按规定如实提交相关资料。无正当理由,申请人不得因同一事由重复提出申请。

乡镇(街道)审核。乡镇人民政府(街道办事处)退役军人服务站应当在村(居)民委员会协助下,对申请人身份、家庭经济状况、困难情形程度、各类救助情况等逐一调查,提出审核意见,并视情况在申请人所居住的村(居)公示后,报县级人民政府退役军人事务部门审批。

县级审批。县级人民政府退役军人事务部门受理后,可委托县级退役军人服务中心开展信息核实等工作,并应当及时做出审批决定,不予批准的应当书面说明理由。申请人无正当理由以同一事由重复申请的,不予批准。申请人对审批结果有异议的,可向县级人民政府或上一级人民政府退役军人事务部门申请复核。

遇有紧急情况,各相关单位应当先行帮扶援助再按规定补齐审核审批手续。

困难退役军人生活、医疗和住房等救助工作按现行相关规定办理,退役军人服务中心(站)应当给予积极协助。

注意事项:

退役军人应当做到诚实守信,确保提供的材料真实准确。对骗取帮扶援助的,应当追回已享受的相应待遇;情节严重的,依法依规追究相关责任。对违法犯罪被追究刑事责任的,因不当行为被纳入失信联合惩戒对象名单的,组织煽动、串联聚集、缠访闹访、滞留滋事、网上恶意炒作或造谣、多次参加聚集上访的,不支持不配合管理服务工作造成恶劣影响的,以及有其他违法违纪情形的人员,不予帮扶援助。

以毕俊营为例,如果将来他遇到劳动合同纠纷、房产继承归属等法律问题,可以寻求政府的法律协助;如果生活上遇到难以克服的困难,也可申请帮扶援助。这些来自政府的协助资源,绝对可以让他吃下定心丸,以更好的状态完成职业适应。

第三节

社会协助

除上述政府协助之外,退役军人的另外一个重要协助渠道来自社会组织。《中华人民共和国退役军人保障法》也规定,国家鼓励和引导企业、社会组织、个人等社会力量依法通过捐赠、设立基金、志愿服务等方式为退役军人提供支持和帮助。各级政府在落实政府主体责任的同时,也鼓励更多社会力量参与形式多样的协助工作。例如,很多慈善基金会积极响应政府号召,不仅给予退役军人本人各种支持,还为退役军人子女提供帮助,减轻其后顾之忧。

根据对376名退役军人的调查数据,有67%的退役军人表示较好地了解社会协助方式及其作用。然而,仍有22%的退役军人只是知道基本信息,甚至有11%的退役军人表示完全不了解社会协助方式及其作用,这说明他们没有获得社会协助的意识或经验,非常遗憾地错过了大好机会。具体数据如图7-3所示。

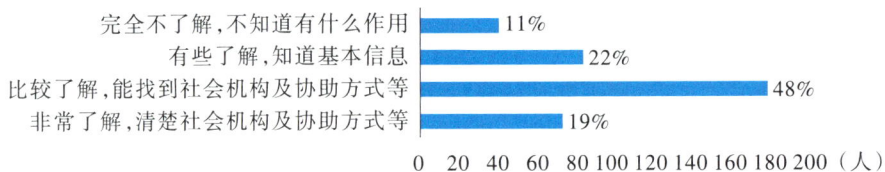

图7-3 退役军人对社会协助了解状况

社会对退役军人职业适应方面的协助工作具体如下。

● 相关机构及协助方式

1. 中国退役军人网

中国退役军人网由中华人民共和国退役军人事务部退役军人培训中心主办,是采取"政府搭台、市场化运作"的形式,面向广大退役军人及其他优抚对象搭建的综合网络服务平台。平台旨在通过"互联网+"模式,吸引各类社会资源,为广大退役军人及其他优抚对象提供优质便捷的教育培训、就业创业,以及衣、食、住、行、医、游、保等综合服务。平台还协同中国退役军人关爱基金会,涵盖更多退役军人需要的服务。

协助方式:

针对退役军人的职业适应问题,中国退役军人网主要从教育培训和就业创业两方面为退役军人提供模块化服务。其中,教育培训包括学历教育(成人高考、网络远程教育、开放大学)、部队考试(军转考试)和技能培训。就业创业方面的协助包括就业帮扶(衔接用人单位和退役军人)和创业帮扶(以项目形式助力退役军人创业)。

申请对象:

中国退役军人网和中国退役军人关爱基金会面向所有退役军人,退役军人可按需选择相应服务。针对职业适应方面的问题,退役军人可重点选择两大平台的行业政策与职业知识指导等模块。

申请方法:

退役军人可直接在中国退役军人网官网上注册和直接申请,其间如有问题,可直接在官网留言、人工咨询或致电4006600939。

2. 中国退役军人关爱基金会

中国退役军人关爱基金会原名中国拥军优属基金会,是于2008年经国务院批准成立,直接隶属于中华人民共和国退役军人事务部的全国性的公募基金会,是为部队建设和退伍军人及军烈属服务的公益慈善机构。

协助方式:

对于即将离开部队,或已经离开部队的退役军人,基金会提供的服务包括就业方向、行业情况、产业政策、心理建设、法律知识、税务知识、保险知识等系统的知识,为退役军人走向社会提供及时的帮助。

申请对象:

所有退役军人。

申请方法:

中国退役军人关爱基金会可通过其官网进行就业相关服务申请和详情询问。

此外,中华慈善总会、中国教育发展基金会等全国性基金会,以及各地成立的基金会,也都有专门为退役军人提供的专项基金。退役军人可登录这些基金会的官网查询,或向当地退役军人事务局咨询。

3. 社会力量协助

各种社会力量积极参与到为退役军人服务的光荣事业中来,最有代表性的是各种协会如雨后春笋般纷纷成立。典型例子有:

为构建行政机关、事业单位和社会力量共同参与服务退役军人的"三驾马车"服务体系,2020年5月27日,杭州市滨江区关爱退役军人协会成立大会召开。滨江区关爱退役军人协会是由滨江区关心退役军人、热心崇军工作的各界人士组成的地方性、联合性、非营利的民间社会组织。该协会将开展各类活动,从政治、生活、就业、情感和精神等各方面给予退役军人关心关爱,进一步把关爱服务退役军人各项工作落到实处。

对于毕俊营而言,如果遇到就业、创业和子女教育等多方面的现实难题,他就可以充分利用许多社会组织提供的协助,比如专为退役军人提供的教育培训和就业创业模块化服务,在此基础上进一步提高工作技能的熟练度。

第四节
部队协助

部队协助是指由退役军人原来服役的部队与相关的机构单位协作,在军人退役之后,为其提供的职业协助。虽然退役军人已经离开部队,但部队仍然有一定的责任和义务,协助退役军人顺利完成过渡、做好职业适应。目前,部队协助的主要方式为提供相应的培训。

● 相关机构及协助方式

部队作为培训单位与退役军人之间的桥梁,要根据退役军人的情况,制订合理的培训方案,提高退役军人的职业能力。负责培训的机构应当根据社会人才需求合理设置专业课程,加强定向职业技能培训,以提高退役军人的职业竞争能力。

根据退役军人未来职业发展的不同阶段和面临的不同问题,一般将相关培训分为离队前教育培训、入职前适应性培训和入职后专业培训三个阶段。其中第一个阶段主要由部队负责。随后的两个阶段,由部队牵头,通过相关的机构为退役军人提供职业培训。

1. 离队前教育培训

部队在军人退役前夕,为即将退役的军人提供包括形势政策、择业指导、组织纪律和安全保密等方面的培训。通过这些培训,提前做好退役军人的认知建设,减少他们对于外界形势的模糊认识。这不仅对退役军人自身和其家庭具有"安神定心"的作用,也有利于解除广大现役军人的后顾之忧。

2. 入职前适应性培训

此类培训在退役军人正式到地方入职前进行,内容主要包括国家和本地区政治、经济、社会、文化建设状况及发展趋势,地方人才需求、使用情况、安置政策和程序办法,以及有关法律法规和政策制度等。通过这些培训可以帮助他们快速适应地方的环境,了解地方情况,同时树立正确择业观念,提高适应环境的能力。

3. 入职后专业培训

专业培训一般是在退役军人明确其岗位后,按岗位专业编班组织进行,着力提高退役军人的工作能力和水平。培训的主要内容包括专业知识、岗位知识和技能学习。通过这些培训可以帮助他们进一步掌握工作岗位的特点、业务内容、职能要求,熟练掌握工作规范和基本操作技能等,帮助他们迈好工作转轨、事业转型、人生转折的关键一步,为他们更快融入社会、更好发挥作用创造条件。

这一阶段培训,更加具有个性化特征,也有定向的特征,主要有以下两种形式:一是个性化培训,由退役军人根据自己的专长、兴趣爱好及就业意向,选择个性化内容进行培训;二是网络培训,由退役军人根据个人职业生涯发展需要,自主选择网络学习课程,凭学习卡参加,总计修满80学时,经考核合格获颁证书。

申请对象:

由退役军人向所在部队提出申请,部队根据实际情况做出妥善安排。

注意事项:

适应性培训、网络培训、个人选定的培训经费要分开使用,不得互相挪用。个性化教育培训经费不得支付给个人,不得拿发票报销。

在获取政府协助和社会协助的过程中,毕俊营想起当初离队前部队为他们做过一些离队前的教育培训,没想到退役后还能找"娘家"帮忙。因此,毕俊营赶忙联系了自己的老领导,顺利参加了部队协调安排的沟通能力专项培训,帮助自己加快了职业适应的步伐。

第五节
单位协助

单位协助是指退役军人所在工作单位及其所属工会组织,也有责任和义务帮助他们完成职业适应。

实践证明,单位协助的意义一方面是让退役军人感受到身边的温暖,提升他们的职业自信,充分认识到自身的价值,另一方面是帮助他们提升职业实力,为职业发展拓宽道路。

根据《中华人民共和国劳动法》和《中华人民共和国劳动合同法》,劳动者不能胜任工作时,可经过培训或者调整工作岗位来增进工作的适应性与胜任程度。因此,退役军人有权利享受单位提供的各种职业适应性培训或者岗位调整。

对于无法胜任某些岗位的退役军人,用人单位都应当以更大的耐心、更大的力度,用好国家规定提取和使用的职业培训经费,为他们提供更多更好的职业培训,协助他们顺利完成岗位或职业转换。

根据对376名退役军人的调查数据,有71%的退役军人表示能较好地了解单位协助方式及其作用。然而,仍有21%的对此只是略知一二,甚至有9%的退役军人表示完全不了解单位协助方式及其作用,这说明有30%的退役军人还不能充分了解和利用近在咫尺的单位协助资源。这一方面需要退役军人加强主动性,另一方面也需要单位更加积极地给予他们关爱。具体数据如图7-4所示。

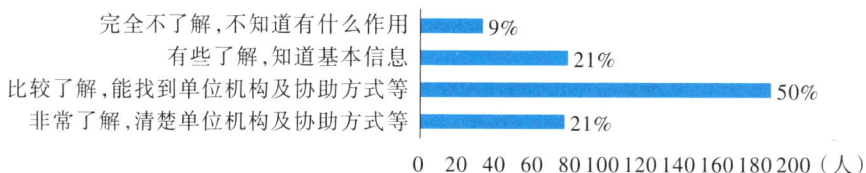

图7-4　退役军人对单位协助了解状况

相关机构及协助方式

地市工会组织会通过为退役军人提供社会化岗位和工时服务的方式,来解决退役军人职业的"空窗期",并且为符合条件的退役军人预留社会化工作者的名额。此外,它们在购买社会服务工作时,会以优先选用符合条件的退役军人的方式来帮助退役军人就业。这些措施能够有效为刚退役的军人提供物质生活保障,为其进一步求职提升安全感与信心。

单位的工会组织也会为退役军人提供职业权益保护;如果有心理咨询部门或专业人员,还能为退役军人提供心理问题疏导;所在部门领导也可以帮助退役军人改善工作技能;等等。单位也可以根据退役军人的成长背景、特长,为他们匹配合适或者具有相同从业经历的导师,给他们提供更富针对性的培养培训方式,帮助他们更快完成职业适应。

有条件的单位也可尝试更加积极的方式,比如全方位的职业支持体系、完善的组织结构配套设置、规范而严谨的绩效考核、详细的培养发展规划以及良好的薪酬激励机制等,促进退役军人的职业可持续发展。

申请对象:

全体退役军人。

申请方法:

在各地市工会组织官网,或者通过单位的工会组织申请。

注意事项:

(1)当用人单位违反法律、行政法规规定或者劳动合同约定,或者未给予退役军人提供上述提及的必要协助时,退役军人应当及时联系所在单位的工会,并由工会出面提出要求用人单位纠正的请求。

(2)当用人单位以能力与岗位不相匹配对退役军人提出辞退,而又未曾给退役军人提供其他试用岗位或技能培训时,退役军人有权申请劳动仲裁或者提起诉讼。

毕俊营也会有年轻人面对现实时的各种烦恼。他主动预约了单位内部的心理咨询师,学会了很多自我心理疏导的技巧。额外收获是增加了与丁新成的共同话题,他甚至有了考取一个心理咨询师职业证书的想法。

第六节

家庭协助

　　家庭是每个人心灵的栖息所,能够在心理层面、精神层面和情感层面为每个人提供支持和协助。虽然长期的军旅生活塑造了退役军人坚毅的品格,使得他们的生活习惯、生活方式、人际交往和情感表达都会带有坚韧阳刚之风,但无论是客观环境还是他们的内心深处,仍然渴望来自家人的关怀和协助。尤其是在职业适应的过程中,他们更加需要来自亲人的支持,以更加顺利地开启新的职业生涯。家人支持的巨大作用,体现在心理、精神、情感和资金四个方面,在帮助退役军人快速获得归属感、适应家庭生活和融入社会环境中,具有不可替代性。退役军人家庭协助结构如图7-5所示。

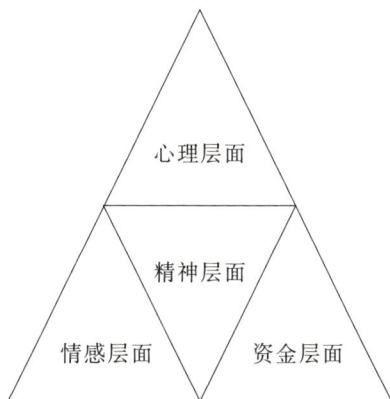

图7-5　退役军人家庭协助结构图

● 协助方式

1. 心理层面

　　很多退役军人离开部队之后仍然在为人处世、生活习惯等方面保持了诸多部队习惯,往往一时难以进入职场的工作状态,或者融入职场的工作氛围,此时可能出现心情低落、心理疲倦等问题。作为退役军人的家庭成员,不要想当然地认为"他们刀山火海都能应付自如,眼前这点事情算什么呢",而要积极主动地帮助退役军人进行情绪疏导。以交心的聊天等形式,了解和识别他们遇到的困难,帮助他们翻越心理障碍的小山。

2. 精神层面

退役军人的家庭成员应在精神层面给予他们鼓舞,赋予其更多正能量。比如,发现他们因工作能力与工作岗位不匹配而产生了不适应,或者职业学习的信心不足时,就要鼓励他们积极进行自主学习和参加职业培训,或者寻求上述几种协助;发现他们不适应单位环境时,一方面帮助他们分析原因,另一方面鼓励他们参与单位的集体活动,如通过参加比赛、团建等活动加强与同事之间的融洽关系。

3. 情感层面

退役军人的家庭成员应在情感层面成为他们的支柱,保证他们的情感需求在家庭中得到充分的满足。比如,发现他们因工作、婚恋方面的不顺利而产生了焦虑、失落等情绪时,就主动给予他们更多的温暖和关怀;感受到他们悲伤、难过时,尽可能地安抚他们,让他们在家庭的港湾中得到最好的休憩和调整,从而重新扬帆起航。

4. 资金层面

来自家庭的资金支持,能够为退役军人的职业适应提供基本和可靠的物质保障。比如,在退役军人重新择业期间,能够为他们减少后顾之忧,让他们拥有宽裕的时间进行职业规划与选择等。

注意事项:

第一,以鼓励和支持为主。在退役军人职业适应的过程中,要根据他们的需要,从帮助他们更好地实现职业成长的角度,给予他们有价值的信息和经验,使他们对未来的职业发展视野更宽阔,帮助他们更好地做出决策。

第二,减少不必要的干预。有些家庭成员打着"都是为你好"或者"我吃过的盐比你吃过的饭还多"等旗号,对退役军人的职业适应进行干预甚至控制。这种做法,会限制退役军人的职业自主感,损害他们的内在成就动机,缺乏勇敢的探索活动,严重制约了他们的职业适应能力发展。

第三,提供足够的资源。当家庭成员发现退役军人对职业适应不够重视,或者缺少有力的资源时,可以及时提供相应的资源。比如,分享自己的经验教训,或者推荐合适的书籍等,帮助他们高效完成职业适应。

毕俊营就是典型的例子。在毕俊营的建议下,他决定不再故作坚强,而是坦诚地向父母吐露自己的烦恼。在与父母真切沟通之后,妈妈以一桌好菜给了他很大的满足感,爸爸不但讲述了自己年轻时类似的经历,还教给他很多非常实用的工作技巧。毕俊营受到了很大的鼓舞,感觉压力减轻了许多,与父母的关系也更加亲近了。

参 考 文 献

[1]成都市退役军人事务局.成都市创新推动退役军人服务保障体系建设取得实效[J].四川劳动保障,2020(12):25.

[2]GATI I,OSIPOW S H,KRAUSZ M,et al. Validity of the career decision-making difficulties questionnaire：counselee versus career counselor perceptions[J]. Journal of vocational behavior,2000,56(1)：99-113.

[3]邱文.青羊区:大力推进退役军人就业创业工作[J].四川劳动保障,2021(1):22.

[4]孙嘉楠.家庭因素、职业决策自我效能感与职业适应的关系研究[D].北京:北京理工大学,2016.

推 荐 阅 读 书 目

1. 退役军人适应性培训教程编委会,《退役军人适应性培训实务》,中国人事出版社,2021年
2. 倪科卿,《退役军人职业起步》,浙江工商大学出版社,2020年
3. 潘文富,《退役军人的就业筹备》,清华大学出版社,2020年

思 考 与 练 习

1. 结合你从政府、社会、部队、单位和家庭寻求帮助的经历,你认为哪种协助对自己最有效？原因是什么？

2. 政府、社会、部队、单位和家庭这五种协助中,哪些是你从来没有寻求过的？原因是什么？

3. 如果现在有即将退役的战友向你请教怎样获得协助,你会给他们什么建议呢？

第八章

退役军人职业转换

"我受不了啦!"

忙碌了一天后,丁新成才注意到毕俊营的这条留言。他先是愣了一下,很快就嘴角上扬——这是毕俊营正式上岗半年后,第N次发来这种牢骚了。他决定暂缓回复,反正毕俊营还要找他的。

晚上快九点时,毕俊营终于又发来了语音:"老兄,我快要憋死了,你快来救救我呀!"他还发了一个海绵宝宝在海底绝望的表情。

丁新成不禁乐了:看来我不当派大星是不行了。他找了一个派大星拥抱海绵宝宝的图片发给毕俊营,又特意加了一句:"我的肚量和他差不多,无论你有多少苦水都尽管倒出来吧!"

毕俊营本来在自己房间里急得像找不到花粉的小蜜蜂,看到丁新成的回复,扑哧一声乐了。他整理了一下思绪,在对话框里打了一连串的内容:

"我估计自己不能顺利地当上班长了。原来嘛,还有一点鹤立鸡群的感觉,因为年龄、学历、技术和群众基础都不错。但是,昨天调来一个人,工龄比我长两年,已经考出了初级技能证书。我觉得现在根本'鹤'不起来了,而且感觉到嘴的一条大鱼被别人叼走了!

"我现在呢,就感觉同事对我也没那么亲热了,领导对我也不器重了。那个家伙越看越像只秃鹰。如果实在没希望,我换个部门或者直接跳槽算了。你不知道呀,身边有这么一只凶恶的秃鹰,感觉实在是太难受了,压力也太大了。我已经连续三天晚上都睡不着了。

"现在好纠结。要走吧,自己的翅膀还不够硬,到新的地方还要从头开始。不走吧,又看不到多大的希望。求老兄指点迷津啊!"

丁新成看到满屏的话,尤其是"根本'鹤'不起来了",差点笑出声来。他稍微斟酌了一下,回复道:"你已经是一只鹤了,千万不要因为遇到更大的鹤,就把自己看小了。还记得我送给你的《丑小鸭》绘本吗?天鹅小的时候也会迷茫和自卑啊!我只提醒你一点:你们公司有50多个班组……"

果然是心有灵犀一点通,毕俊营听到以后马上就释然了:"除了我们公司,杭州还有另外好几个交通行业的单位,班组估计不止200个呢!"

丁新成很欣慰,决定继续鼓励他:"既然你喜欢海绵宝宝,那就不仅要像海绵一样去吸收知识,还要像海绵一样抗压有弹性。我这个派大星还算合格吧?"

毕俊营激动地回复:"你可不是普通的派大星,而是最有派的大明星!"

丁新成暗想:这表扬水平,可以当夸夸群群主了! 便打趣他:"别把我捧那么高,给我一个草莓派或者一份大碗面都可以的。"

毕俊营以喊口令的嗓门闪电般地回道:"明天! 就明天! 全都安排上!"

第一节 概述

一、定义与分类

1. 职业转换的定义

职业转换,顾名思义,就是从原来的职业领域,转换到新的领域。职业转换可能出现在工作内容或者专业的改变上,也可能出现在相同工作中的工作导向改变之中。职业转换的定义是:个体改变其工作角色(客观的角色转换)或者改变其工作导向(主观的角色转换)。

2. 职业转换的分类

路易斯将职业转换分成两大类以及九种不同的情况。第一大类被称为"角色间转换",包括进入/重新进入、公司内迁移(俗称"换岗")、公司间迁移、专业间迁移(俗称"跳槽""跨界")、退出(辞职或解聘)。第二大类被称为"角色内转换",包括角色内调整、角色外调整、角色/职业阶段转换、人生阶段转换。分类与示例如表8-1所示。

表8-1 职业转换的分类与示例

分 类	情 形	典型例子
角色间转换	进入/重新进入	从学生变为公司职员
	公司内迁移	调动到公司内另一个部门
	公司间迁移	跳槽到另一家公司
	专业间迁移	军人退伍从事商业工作
	退出	非自愿离职(失业)或自愿离职
角色内转换	角色内调整	接受MBA教育,提升管理能力
	角色外调整	担任公司视频号主编,工作内容增加
	角色/职业阶段转换	职业生涯从建立期进入维持期
	人生阶段转换	从中年到老年(退休)

一方面,职业转换通常伴随着边界的跨越。职业转换需要跨越三个不同边界——功能性边界、层级性边界和包含性边界。功能性边界指员工从事的具体职责,层级性边界指员工在组织内的岗位层次,包含性边界指员工在组织内的社会网络位置。这种跨越边界的思想在后来的无边界职业生涯理论中得到了体现。

另一方面,职业转换有时候是包含着多方面的。举例来说,在一家科技型企业中,一个技术出身的员工,在工作10年后转型至管理岗位,其中就包含了多种类型,比如公司内迁移(到其他部门)、专业间迁移(从技术到管理)、职业阶段转换(从建立期到维持期)和人生阶段转换(从青年到中年)。

此外,如果按照转换者的意愿分类,职业转换可分为主动或被动转换。前者是出于主观原因,是个体为寻求更好的发展环境或者发展机会,跨越原来的职业边界寻找新的工作,具有主动性特点;而后者是由于客观环境发生了变化,例如出现了企业规模缩小、重组或者裁员等情况,个体不得不重新寻找工作机会,具有被动性特点。

3. 职业转换力

由于市场环境的快速变化,人们的职业处于高速变化和高度不确定的状态,职业适应变成了频繁的任务和持续的过程。退役军人不仅需要关注自身的职业发展,还要直面职业发展的各种挑战,并且对于其他职业保持关注和尝试。重要的是与拥有健康的身体和良好免疫力一样,退役军人要具备职业转换的能力,即职业转换力。

职业转换力包含三个维度:适应调节、能力重组和生涯拓展。这三个维度分别对应变革应对的适应、选配和发展三大策略。具体而言,适应调节表示个体应对职业转换时所需的心理准备以及相关的个性特点,是一种适应策略;能力重组表示个体应对职业转换所需的知识与技能以及知识技能的迁移,是一种选配策略;生涯拓展表示个体对于职业发展的计划和思考以及相应的行动准备,是一种发展策略。

根据职业转换力的构成,退役军人应当做好三方面的准备:适应调节与个体适应职业现状有关,具备相应的特质(例如独立性或者开放性),培养自我启动的能力,加强与所在组织的联结,和领导者保持良好的交流,可以使得个体能够更快适应职业转换以及组织变革;能力重组关注职业转换前后知识技能的习得和迁移,注重工作中(特别是工作发生变化后)能力的塑造,更加积极地学习知识技能、改变工作方法;生涯拓展关注个体对于未来生涯的规划,为个体提供行为指导。

职业转换力的直接作用体现在更好地适应企业组织变革后的全新工作环境以及为将来可能的进入其他新环境做好准备上,其远端作用将体现在长期的职业生涯发展上。因而个体若能进行充分的塑造和准备,那么就可以获得更强的组织变革应对和职业转换应对的能力,从而为达成更好的职业发展或者人生发展打下坚实的基础。

二、职业转换的现状分析

麦可思研究院发布的《中国大学生就业报告》显示,"个人发展空间不够""薪资福利偏低""想改变职业或行业"是大学生毕业半年内选择主动离职最重要的三个因素。其中,在2019届("95后")主动离职的本科生中,因"个人发展空间不够"的占47%,"薪资福利偏低"的占36%,"想改变职业或行业"的占29%;在2019届主动离职的高职生中,因"个人发展空间不够"的占45%,"想改变职业或行业"的占30%。此外,因"对单位管理制度和文化不适应""工作要求高,压力大""准备求学深造"而离职的比例上升较多。还有令很多管理人员和家长头痛不已的"闪辞"现象,比如"大学生毕业不到2年换了5份工作""工作不是当初想象的模样就闪退"等。

相对大学生而言,退役军人在职业适应期内调整职业的态度比较理智。根据对376名退役军人的调查数据,关于职业转换,58%的被调查者是为了更好的职业前途,另外8%是为了照顾家庭。为了更高的工资或更高的职位的,分别占19%和15%。具体如图8-1所示。

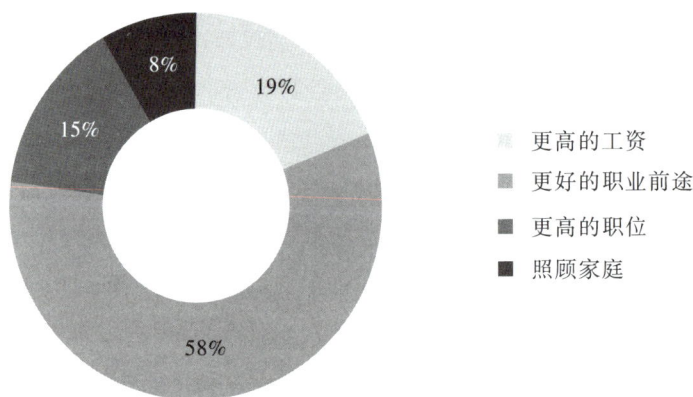

图8-1 退役军人调整职业的态度

如果适应新职业情况不理想,52%的被调查者比较希望调整职业,但也明白调整后需要更大努力;26%的表示不着急,要好好考虑调整后会不会更好;只有18%的非常希望调整职业,相信调整后肯定更好;还有4%的选择按兵不动,因为调整带来的变化太多。具体如图8-2所示。

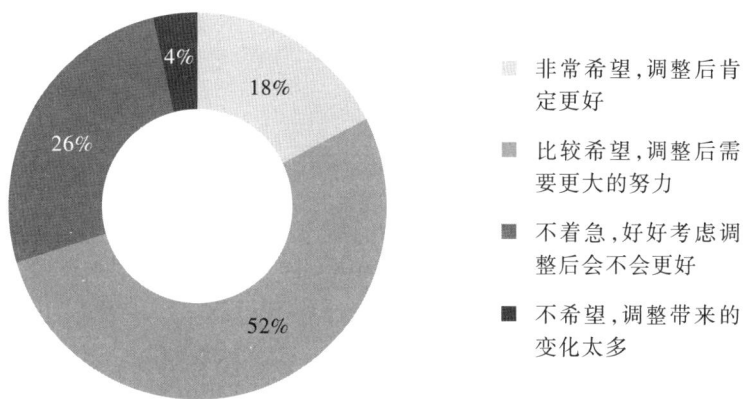

图8-2　退役军人调整职业的愿望

- 非常希望，调整后肯定更好
- 比较希望，调整后需要更大的努力
- 不着急，好好考虑调整后会不会更好
- 不希望，调整带来的变化太多

对于适应期内职业转换几次属于正常，68%的被调查者选择了1次，18%选择了不调整，14%选择了4次以上。具体如图8-3所示。

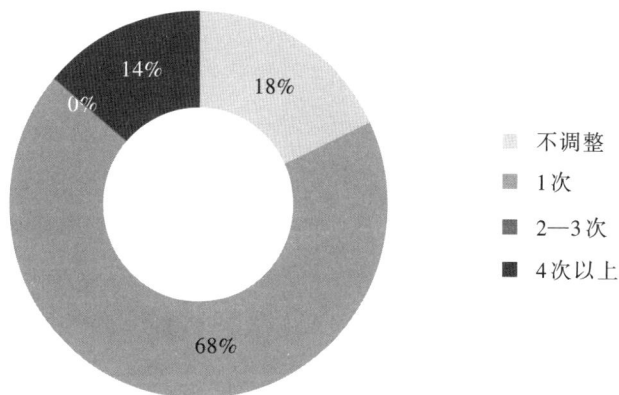

图8-3　退役军人调整职业次数的看法

- 不调整
- 1次
- 2—3次
- 4次以上

不过，退役军人中职业转换不理智的群体和行为并不少见，需要密切关注。究其原因，是多方面的：

首先，因为退役军人对再次就业的要求提高了，他们已经不再单纯地关注薪资待遇，而是扩展到发展前景、晋升机制、办公室氛围、个人兴趣、成长空间等诸多方面。

其次，因为相对于单位的要求，退役军人的基础和准备仍然存在一定差距。毕竟单位对新员工的要求也不单是具备相关领域的专业知识，还要求新员工具备较高的职业素养，例如压力承受能力、团队协作解决问题的能力、信息获取和选择能力和环境适应能力等。

再次，选择了"错误"的工作入职。找工作前没有做好职业规划，不知道自己到底希望从事什么工作，根本不了解将要从事的职业。看几集职场剧就想当然地以为自己可以成为"行业精英"或"霸道总裁"的，注定要"如梦方醒"般迅速离职。

最后,也是更深层次的原因是家庭资产的增长以及个人经济实力对职业收入的依赖性逐步降低等。

职业转换的误区

很多退役军人属于新生代员工,不可避免地具备新生代员工的特点,比如注重自我感受,思想独立且个性张扬,喜欢富有新鲜感且多样性的工作,追求工作与生活的平衡,凭着自己的兴趣工作,期望在工作中获取充实感和自我成就感。他们对职业转换非但不抵触,而且有偏好,因此也时常陷入误区。

职业转换的误区可以大致分为两类:一是不该转却乱转,具体包括因小事而冲动转换,不评估而随意转换,无准备而任性转换;二是该转却不转,主要包括不觉察风险而陷落,不珍惜机会而错过。

一、因小事而冲动转换

有的职场人只因领导批评自己口气重了,觉得领导不喜欢自己而辞职。某位大学专业是传媒的退役军人,他在部队就经常在报纸上发表新闻报道,因而毕业后就进入了出版行业。入职后他苦恼地发现:领导不重视他。有朋友劝他离职,毕竟是新手,离职了也没什么可惜的。他也想过离职,但还是咬紧牙关,发挥在部队练就的"不抛弃不放弃"精神,最终扛了过来。具体做法是:每天给自己定目标,必须联系100个人,不完成任务不睡觉,这么做了一年,前面的辛苦终于有回报了。他的基础打得扎实,现在业绩也上去了,形成了良性循环,工作生活都变得顺风顺水。

二、不评估而随意转换

有些退役军人,只关心哪个单位好,对自己完全没分析,也没考虑过是否能够胜任。也有些退役军人自身条件很好,但是工作起来一团糟,受限于见识短浅,不知道自己已经拥有的资源的真正价值,也不了解目标岗位到底需要什么条件,想当然地以为自己只要冲进去就能大显身手、一飞冲天,结果却是自废武功、两头落空。比如,一看到程序员收入高,就跟着别人后面一窝蜂地跑去当"码农",最后结果可想而知。这是典型的买椟还珠,丢掉金碗换木碗,还口口声声说:"这木碗是古董。"

三、无准备而任性转换

如果只有兴趣而没有相应的技能证书、资质等条件,那就不要轻易调整工作。经常有人讨论:该不该把兴趣当作职业? 当兴趣变成工作就会幸福吗? 想把兴趣当职业的基本上是职场小白,觉得工作乏味没有激情,缺乏追求目标和意义。

还有的职场新人喜欢随便裸辞,结果立马陷入经济危机,在选择下一份工作的时候,失去正确的判断。特别要提醒的是:换工作的空档期,社保不能断,必须续交。

四、不觉察风险而陷落

有的用人单位管理非常混乱,会给员工带来很大的风险和麻烦。比如五险一金不规范缴纳,根本没有按照足额工资缴纳五险一金,而是做阴阳合同来降低缴纳成本,甚至连政府规定的最低数额还要设法要赖。如果退役军人没有足够的风险意识,摊上这种事情就会增加很多烦恼,而且影响社保接续、买房贷款等重要事项。因此,对于这种单位还是远离为妙。

五、不珍惜机会而错过

很多时候,职业转换的良机出现在面前,但如果缺乏灵敏的嗅觉和巨大的勇气,很多人只能眼睁睁地看着良机逝去,追悔莫及。

退役军人小周有过这种经历。他的好友告诉他:"我在四家公司工作过,没有一家提供过良好培训,也没遇到过任何职场导师,大家都是靠自己摸索,不断地被公司索取和压榨。然后当你榨不出油时,公司会觉得你'out'了,跟你说该多看看外面的世界了。"好友希望他一起创业,前期兼职帮忙开发课程或市场也行,但小周以自己即将升职、工作太忙而拒绝了。后来好友的培训业务做得风生水起,小周每次提起这事都会后悔不已。

理性的职业转换确实能增强工作技能和环境适应能力,是人力资本投资的好形式。不过,上述调整误区的后果还是非常严重的:虽然频繁调整是短期工资小幅提升的一个有效手段,但要想大幅提升,则需要职务、经验、能力等方面的全面提高。因此,幻想以频繁调整的方式实现收入的飞跃,不亚于痴人说梦。

并且,这么折腾往往让年轻人后劲不足。一般而言,一份工作只有做满两年,才算对这个工作有积累,才能跳往下一个环节。如果一个人每份工作只做几个月,那相当于原地转圈推磨,即使有数年的工作经验,也几乎没有下家愿意为这种浅薄的经验买单。企业在考虑提拔对象的时候,员工在本企业的积累是一个很重要的考虑因素,因为他们更了解企业的特点,能调动更多的资源,也能胜任更加重要的工作。

第三节
职业转换的判断标准

如何避免第二节描述的各种误区,让自己像芝麻开花一样越调整越向好呢? 关键是建立理性的判断标准,核心是任何调整,都要能够让职业前景更加光明。具体可关注以下几个方面:

一、行业趋势

如果由于政策变化、新的颠覆性技术出现等,整个行业开始走下坡路,甚至被取代,那么必须进行职业转换。近年来典型的例子有聊天软件对于普通电话、网约车对于出租车的冲击,今后AI对很多行业的影响更大。

反之,从发展趋势不太好的行业,调整到政策鼓励、技术领先等未来向好的行业,则是标准的"弃暗投明",值得尝试。

二、市场环境

由于市场竞争过于激烈,导致有些企业利润微薄甚至赔本赚吆喝。在这样的市场态势中,企业的日子自然难过,个人的职业前景肯定也黯淡。

老杨就是典型例子。2015年退役后,他被安置进了当地著名的化工企业。但两年以后,由于全国不再统一规划,各地纷纷建起化工厂,市场上价格战硝烟四起,加上本厂内部两个项目投资失利,效益大不如前。老杨隐隐感到不安:以往逢年过节必发的海鲜、冻肉、糕点,现在发不出来了。加上周边的居民对工厂飘出的气味非常不满,经常打环保电话举报,工厂经常被环保部门查处,不但经济效益日益下滑,事故也开始增多。众多因素合围之下,化工厂只能艰难维持,老杨的境况自然也大不如前。

三、发展空间

对于退役军人而言,进入职场的头三年内,如果发现工作单位或者工作内容没有前途,而自己的内心又明白自己不想蹉跎的,一定要及时调整转换。因为这种磨洋工的活法,是典型的浪费生命,会慢慢消耗掉年轻时所有的热情。在这种环境里待的时间越长,越会丧失外出"捕食"的能力,工作就会从保护伞变成枷锁,这是非常可怕的"温水煮青蛙"现象。

小孙退役时不到25岁,起初在某单位上班。工作了不到3个月他就离职了,因为在那里每天无所事事还要装得很忙,对专业水平的提高毫无帮助,看着单位里的老同志就已经知道自己30年后的样子了。他很确定这不是想要的生活。虽然工作很稳定看上去也挺体面,待遇也还凑合,但他不顾家人的反对,毅然加入一家IT公司,现在已经是市场部经理,年收入也翻了好几番。

此外,即使行业、单位欣欣向荣,但自己的发展空间非常有限,也要考虑调整。比如,职业天花板近在眼前,而且再怎么努力也突破不了。

小赵就是典型的例子。退役三年后的他已晋升到管理岗,工资实现了大幅增加。欣喜之余,小赵也隐约觉察到,本厂的"精气神"不够了——厂里的文娱活动在变少,他在组织青年活动上的特长,已经没多少用武之地了。

四、自身条件

职业转换的前提是自身条件允许。比如健康状况、时间、家庭因素等能支撑自己进行转换、适应新环境。如果无法达到,宁可不要冒险。毕竟人生分成几大块,比如说健康、家庭、工作、生活和财富等。不要为了工作,牺牲了健康,牺牲了家庭。工作要尽力,但首先要把身体和家庭维护好,否则有多大意义呢?

第四节
职业转换的重点

退役军人在进行职业转换时,可以参考就业质量的指标体系,选择自己的重点。就业质量主要包括收入水平、职业社会地位、发展空间、社会保障四大方面,具体包括薪酬福利、职业声望、职业期待吻合度、工作与专业相关度、职业成就、人职匹配度、保险范围、心理保障等要素。因此,转换职业时,至少要能够实现上述几个要素的改善,才算是值得转换的。

一、做好全面评估

职业适应期内出现迷茫是再正常不过的现象。职业适应不顺利或者职场低谷期,是每个人都会遇到的,完全不必因此感到焦虑或自卑。在学会自我应对和排解的基础上,理性地评估之后再考虑职业转换,就不至于轻易地掉进大坑。

1. 评估一下试错的成本

(1)拥有不上班也能生活1年以上的存款,包括日常开销和医疗等应急储备。

(2)已验证的变现技能——真正让自己赚到钱的技能。

(3)严格管理时间的自控能力。至少要有这样的成功经历:某个阶段专注于某个任务,抵挡住了各种干扰,不分心。比如,能够连续一个月戒掉游戏、网购等,专心复习考试。

(4)未来一年的清晰规划和目标。明白自己一年内应该到达职业发展的哪个阶段,在职务、薪资、职称、专业资质等方面想有什么突破;为此需要做出什么努力,比如需要什么职业经历等。

如果暂时还不能满足这些条件,不如先老老实实上班,待到时机成熟时,再去追寻自由也不迟。毕竟,当一个人"晃荡"过半年以上,重新上班的困难指数就加大了,因为此时无论是工作态度还是技能,都很可能已经落伍了。而且招聘单位对于职业过程的中断也很敏感,一般情况下会优先录用那些一直保持工作状态的人。

2. 评估职业潜力

可以尝试问下自己以下问题,以评估自己的职业潜力。

第一个问题:你的职业能力有多久没有进步了?

如果你一直在从事已经很熟练的工作,半年以上没有参加各种培训、没有接触新生事物、没有在自己的职业技能单上增加新的一两项……那么,你就是那个第一批被裁掉的人。现在绝大多数的工作都是创造性的,需要我们不断吸收新的信息,持续创新,而基层工作者中有源源不断有想法、有创意、有干劲的人,他们随时可能替换你。

第二个问题:你有没有不可或缺的核心竞争力?

核心竞争力包括专业能力,以及你在公司中的人脉、管理能力、资源整合能力、处理难题的能力、对企业的忠诚度和对企业战略的解读等。你可以比照下自己目前在公司处于什么位置,如果你在公司的地位可以排在前30%,那么,不用太担心自己。

第三个问题:你能不能做到沉得下身段?

当遇到难题时,你是否愿意去做比现在低一级的工作?当高管岗位空缺时,你是否有能力顶上?如果低一级的工作你愿意做,上一级的工作你也能做,那么你就游刃有余了。

第四个问题:你有没有不断在接触新的企业、新的行业、新的老板?

换言之,你有没有了解过那些潜在的工作机会?不鼓励大家盲目跳槽,但在与不同的潜在机会接触的过程中,你可以看到自己的适应能力和被需要程度。将现在职位与找到的职位进行对比,可以了解招聘同一岗位的公司状况、薪酬等。

假如你从来没有接触到任何新的机会,或者没有什么样的机会看起来适合你,那么你最好不要轻举妄动。

二、提升职业价值

要注重真正的职业价值,也就是能为单位和自己真正带来收获的方面。有些职场人因为得到某些荣誉或证书而沾沾自喜,其实是本末倒置。

理性的做法是,要具体分析荣誉证书的实际价值。从职业生涯角度出发,以是否有利于实现职业目标为唯一衡量标准。比如,如果要升职必须要有某项荣誉,或者该项荣誉属于重要加分项,那就应当努力争取。如果不存在上述情况,可以"佛系"一点,得到了感恩,得不到也不怨天尤人,而是把宝贵的时间精力用在更重要的事情上。

特别要注意的是,要远离低价值工作,也就是投入回报比很低的工作。回报不仅仅是经济利益,更重要的是职业前景的拓展,包括视野、机会、资源和能力等方面。

因此,退役军人最好从一开始进入职场就想好自己的努力方向,要么掌握一门独特的手艺,要么掌握一些资源作为安身立命的资本。

第五节

职业转换的路径

根据对376名退役军人的调查数据,对于适应期内职业转换的范围,大部分退役军人希望少"折腾"。12%的被调查者希望不转换,51%愿意在单位内部转换,愿意在同行业内跳槽的有26%,只有11%的愿意跨行业转换。数据如图8-4所示。

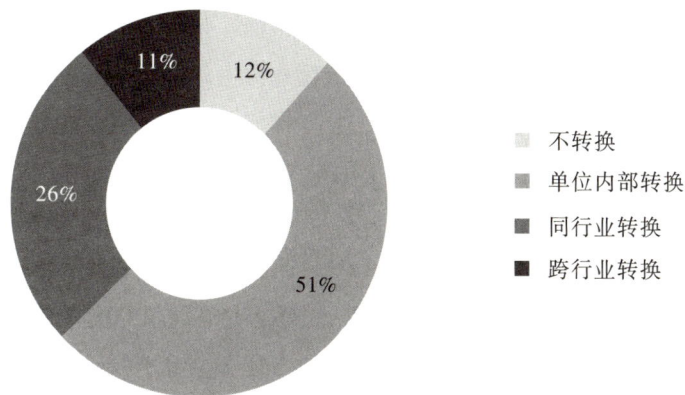

图8-4 退役军人在适应期内对职业转换范围的看法

退役军人确定要调整职业之后,可以根据范围大小,从如下三种路径中选择一种或多种进行:

一、进行城市转换

由第三方专业机构麦可思公司跟踪撰写的《就业蓝皮书:2020年中国本科生就业报告》和《就业蓝皮书:2020年中国高职生就业报告》发现:"新一线"城市对大学毕业生的吸引力不断增强。2019届大学毕业生在长三角地区就业的占比最高,其次是珠三角地区。

另外,2019届本科毕业生在一线城市的就业满意度(72%)略高于"新一线"城市(68%)。上海是本科生就业最满意的城市,其次是北京。"新一线"城市中,在杭州、天津、宁波、南京、苏州就业的毕业生满意度较高,不输于部分一线城市。

因此,如果退役军人感觉自己在本地的发展空间不够理想,可以考虑其他地区。对于浙江省内的退役军人而言,杭州都市圈、宁波都市圈等都是很好的选择,只要找到合适的岗位,都能充分发挥自己的才干。

二、选择光明行业

《就业蓝皮书:2020年中国本科生就业报告》和《就业蓝皮书:2020年中国高职生就业报告》提出基础教育及教辅培训机构为就业增长点。其他就业比例较大且增长较多的行业还有建筑业(2019届就业比例8.9%),信息传输、软件和信息技术服务业(2019届就业比例8.9%),各类专业设计与咨询服务业(2019届就业比例5.8%),文化、体育和娱乐业(2019届就业比例4.6%)且其人才需求分别较2017届增长6%、4.7%、7.4%、18%。

2019届高职毕业生就业比例较大的行业类是建筑业(就业比例11.1%)、教育业(就业比例7.8%,其中主要是"教辅及培训机构"(2019届就业比例2.9%)、"幼儿与学前教育机构"(2019届就业比例2.5%)的需求增长。其他就业比例较大且增长较多的行业类还有信息传输、软件和信息技术服务业(2019届就业比例5.8%),居民服务、修理和其他服务业(2019届就业比例4.7%),住宿和餐饮业(2019届就业比例3.9%)。

关于行业薪酬的数据是,本科计算机类、高职铁道运输类专业领跑薪酬榜。计算机类、电子信息类、自动化类等本科专业毕业生薪资较高,2019届平均月收入分别为6858元、6145元、5899元;铁道运输类、计算机类、水上运输类等高职专业毕业生薪资较高,2019届平均月收入分别为5109元、4883元、4763元。

除上述行业和第一章中列举的那些行业,比较适合退役军人的还是其他与人们日常生活密切相关的服务业。

三、进军核心岗位

职业转换未必需要很大的跨度,进行岗位提升也是很好的选择。对于退役军人而言,向着核心岗位稳扎稳打地前进,投入和风险较小,而收益和前景非常值得期待。

刚就业时,大部分退役军人对业务不熟悉,一般安排的是通用岗位,比如行政、内勤、后勤等。对于大多数单位而言,销售、人力资源管理和会计的作用要大于通用岗位,有良好的发展前景,而且需要一定的门槛,也很适合退役军人。

比如,人力资源管理的主要工作是完成从员工雇用、筛选、培训、考察到薪资绩效的制订评估,从业人员必须有能力处理好公司和员工以及员工之间的关系,并且要协调好人与事、事与事之间的疏通。

如果退役军人有志于从事人力资源管理工作,可以在学历教育或相关岗位实习的过程中,考取人力资源师的职业资格证书。退役军人可以在完成学历教育期间,找一家单位的人力资源部门实习,或者到人力资源和社会保障部门实习,就能满足"连续从事本职业工作1年以上"的报考条件。只要认真复习,通过考试的成功率非常高。这样的话,就能在学历教育毕业之时同时拥有学历和技能证书,这对于就业是很大的加分项。

在笔者接触的退役军人中,已经有多人获得了人力资源师的技能证书,也获得了相应的待遇,开启了光明的职业道路。

第六节
职业转换测评

退役军人可以使用列举的这些职业转换测评表,对自身是否适合进行职业转换做更为全面的了解。

一、职业生涯适应力

下面是职业生涯适应力量表,分为四个部分:生涯关注、生涯控制、生涯好奇和生涯自信。

请判断每一句陈述和您自身情况的符合程度,并给出1—5的分数。数字越大,表示符合程度越高;数字越小,表示符合程度越低。

(1)我会想象自己未来的发展情况。

（2）我清楚现在的选择将会影响未来的发展。

（3）我为未来做好了准备。

（4）我意识到必须对自己的职业和教育等做出选择。

（5）我有如何实现自己的职业目标的计划。

（6）我关注自己的职业发展。

（7）我很乐观。

（8）我可以自己做决定。

（9）我可以对自己的行动负责。

（10）我坚持自己的信念和想法。

（11）我很独立。

（12）我在做对自己而言是正确的事情。

（13）我对周围环境充满好奇,愿意不断探索发现。

（14）我在不断寻找个人成长的机会。

（15）我在做决定前会充分调研各种选择情况。

（16）我可以想到解决同一问题的不同方法。

（17）我会深入探究自身的问题。

（18）我对新的发展机会充满好奇与期待。

（19）我可以高效地完成任务。

（20）我会小心谨慎地把事情做好。

（21）我会不断学习新的技能。

（22）我会依靠自身的能力完成工作。

（23）我会不断克服困难挫折,不妥协。

（24）我会通过自己的努力不断解决问题。

上述题目中,（1）—（6）题是生涯关注,（7）—（12）题是生涯控制,（13）—（18）题是生涯好奇,（19）—（24）题是生涯自信。

二、职业转换力测评

说明语:请您对自己的职业发展情况进行评价,并在相应数字下打钩或画圈。(1＝完全不准确,2＝比较不准确,3＝不能确定,4＝比较准确,5＝完全准确)

（1）我意识到当前组织内部出现的机会,尽管它们不同于我现在做的事情。

（2）我为组织环境的变化做好了准备。

（3）我对于组织外部的机会有着很好的认识,尽管它们不同于我现在做的事情。

（4）我关注某一职业在未来10年的发展趋势。

（5）我为未来5年的目标制订实施计划。

（6）我能转变思路,学习任何变革需要的知识和技能。

（7）我在当前组织获得的技能可以运用到其他组织的工作中。

（8）我能在工作要求变化后迅速跟进。

（9）我注重培养工作所要求的各种能力。

（10）我的专业知识不系统。

（11）我经常思考自己的未来。

（12）我总是依靠自己做决定。

（13）我会观察不同的做事方法。

（14）我会主动和同事交流工作经验。

对于上述两个测评,如果得分超过总分的80%,则说明相应的能力较强;如果低于总分的60%,则需要找到相应的薄弱环节,进行有针对性的改进。

参考文献

[1]LOUIS M R. Career transitions: varieties and commonalities[J]. Academy of management review,1980,5(3)：329.

[2]肖干. 职业适应期大学生员工频繁"跳槽"现象的调查分析与教育启示[J]. 中国青年研究,2014(3):84-88.

[3]郑博阳. 组织变革情境下的职业转换力及其效应机制[D]. 杭州:浙江大学,2018.

[4]胡旦. 变革环境下我国公务员职业适应性水平的实证研究:以广州市公务员为例[D]. 广州:暨南大学,2007.

[5]杨黎明. 频繁跳槽所带来的"副作用"[J]. 中国就业,2020(7):64.

[6]肖婷. 高职毕业生就业后职业适应性问题和就业能力培养研究[J]. 教育现代化,2018（10):312-313.

[7]HEPPNER M J. The career transitions inventory[M]. Columbia：University of Missouri,1991.

[8]HOU Z J, LEUNG A, LI X X, et al. Career adaptabilities scale: China form: construction and initial validation[J]. Journal of vocational behavior, 2012(1)：686-691.

推荐阅读书目

1. 池骋,《放大:如何放大你的小才华》,中信出版社,2020年
2. 麦克莱兰,《职业转换》,北京燕清联合传媒管理咨询中心译,机械工业出版社,2004年

思考与练习

1. 寻找两到三个职业转换的成功案例,看看有什么值得借鉴的经验。
2. 寻找两到三个职业转换的失败案例,看看有什么必须吸取的教训。
3. 如果你对目前的工作不满意,你会在城市、行业和岗位中做出哪些调整?原因是什么?